법구경

법구경

진리의 말씀

석지현 옮김

민족사

차례

제1장_	오늘(雙敍品)	… 009
제2장_	깨어 있음(放逸品)	… 019
제3장_	마음(心意品)	… 025
제4장_	꽃(華香品)	… 031
제5장_	어리석은 이(愚闇品)	… 037
제6장_	현명한 이(賢哲品)	… 045
제7장_	새벽의 사람(阿羅漢品)	… 051
제8장_	천보다도 백보다도(述千品)	… 057
제9장_	마라(악마 : 惡行品)	… 065
제10장_	폭력(刀杖品)	… 072
제11장_	늙어감(老耄品)	… 080
제12장_	자기 자신(己身品)	… 087

제13장_ 이 세상(世俗品)	… 093
제14장_ 깨달은 이(佛陀品)	… 099
제15장_ 행복(安樂品)	… 109
제16장_ 쾌락(愛好品)	… 116
제17장_ 분노(忿怒品)	… 121
제18장_ 더러움(塵垢品)	… 129
제19장_ 올바름(住法品)	… 140
제20장_ 진리의 길(道行品)	… 148
제21장_ 여러 가지(廣衍品)	… 157
제22장_ 어둠(地獄品)	… 166
제23장_ 코끼리(象喩品)	… 174
제24장_ 욕망(愛欲品)	… 181
제25장_ 수행자(比丘品)	… 196
제26장_ 브라만(婆羅門品)	… 208
• 법구경 해설	… 227
• 참고문헌	… 245

일러두기

1. 본 민족사판 《법구경》은 팔리 원전인 수망갈라 본(本)을 번역한 것이다.

2. 막스 뮬러 본(本), 라다 크리슈난 본, 나라다 본, 후앙 마스카로 본 등 네 개의 영역본과 미즈노 고갱 본, 나까무라 본 등 두 개의 일역본을 참고했다.

3. 각 장(전 26장)의 이름은 필자가 임의대로 쉽고 간략하게 다시 붙였다. 그러나 뒤의 해설편에는 각 장의 '원래 이름'과 '다시 붙인 이름'이 나란히 실려 있어 읽는 이가 불편 없이 참고하도록 했다.

4. 읽는 이의 이해를 돕기 위하여 중요하다고 생각되는 시구마다 간략한 뜻풀이를 붙였다. 그런데 이 뜻풀이가 때로는 비판적이며 때로는 반어적이기도 한 것은, 비판적이며 반어적인 시각을 통하여 시구의 원뜻을 더욱 선명하게 부각시키기 위해서이다.

5. 한역본을 사용한 번역서의 경우, 원전 시구의 삶과 연결된 미세한 느낌들을 제대로 살려내지 못하고 있는데 그것은 한문이 가지고 있는 상징언어의 한계 때문이다. 그러나 본 민족사판 《법구경》에서는 한역본에서 살려내지 못한 부분들을 되살려 내려고 최선을 다했다.
팔리 원전 번역서의 경우 원전의 직역에 충실한 나머지 답답한 축자역(逐字譯)을 벗어나지 못하고 있다. 그러나 본 민족사판 《법구경》에서는 팔리 원전을 소화, 흡수하여 대담하게 우리말화 했다.

모래 위에 쓴 글자는 지워지지만
그대 마음속에 쓴 글자는
영원히 지워지지 않는다.

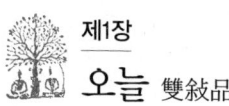

제1장
오늘 雙敍品

1. 오늘은 어제의 생각에서 비롯되었고

   현재의 생각은 내일의 삶을 만들어 간다.

   삶은 이 마음이 만들어 내는 것이니*

   순수하지 못한 마음으로

   말과 행동을 하게 되면

---

* 이 구절은 후앙 마스카로의 번역을 따랐다. 그의 번역은 직역은 아니지만 원문의 뜻을 가장 잘 살리고 있기 때문이다. 그리고 이 구절에서의 '마음'이란 마음의 세 가지 기능 가운데 하나인 사고작용(思考作用)을 말한다

여기 이 시구에 대한 막스 뮬러의 직역을 참고하기 바란다.

우리의 모든 것은 우리가 생각한 그 생각의 결과다.
이 모든 것은 우리의 생각 속에서 발견되며
이 모든 것은 우리의 생각이 만들어 낸 것이다.

고통은 그를 따른다.
수레의 바퀴가 소를 따르듯….

2. 오늘은 어제의 생각에서 비롯되었고
현재의 생각은 내일의 삶을 만들어 간다.
삶은 이 마음이 만들어 내는 것이니
순수한 마음으로 말과 행동을 하게 되면
기쁨은 그를 따른다.
그림자가 물체를 따르듯….

3. 그는 나를 욕했고
그는 나를 때렸다.
그는 나를 이겼고
그는 내 것을 앗아갔다.
이렇게 생각하고 있는 사람은
미움으로부터 길이 벗어날 수 없다.

4. 그는 나를 욕했고
   그는 나를 때렸다.
   그는 나를 이겼고
   그는 내 것을 앗아갔다.
   이렇게 생각하지 않는 사람은
   저 미움으로부터 벗어난다.

5. 미움은 미움으로 정복되지 않나니
   미움은 오직 사랑으로써만 정복되나니
   이것은 영원한 진리이다.*

6. 우리는 결국
   죽음의 문 앞에 이른다는 것을
   사람들은 알지 못하고 있다.

---

* 누가 모르는가, 누가 모르고 있는가. '미움은 사랑으로 정복된다'는 이 멋진 말을. 아아, 누가 모르겠는가. 그러나 누가 할 수 있단 말인가. 그 누가 미움을 사랑으로 감쌀 수 있단 말인가. … 그것은 참으로 어려운 일이다. 산 호랑이의 눈썹을 뽑아 오기보다 더 어려운 일이다.

그러나 이를 아는 이들은
이제 더 이상 서로 다투지 않는다.

7. 오직 쾌락만을 위하여 사는 사람,
감각을 절제하지 않는 사람,
음식을 무절제하게 먹는 사람,
게으르고 무기력한 저 사람은
결국 마라(악마)에게 정복당하고 만다.
연약한 나뭇가지가 바람에 꺾이듯.

8. 쾌락만을 위하여 살지 않는 사람,
감각을 잘 절제하고,
음식에 대한 탐이 없는 사람,
신념이 강하고 활기찬 저 사람을
마라는 결코 정복할 수 없다.
저 바위산이
아무리 센바람에도 움직이지 않듯….

9. 그 영혼이 순수하지 않고
   진리에 대한 탐구의 열정도 없으면서
   수행자의 옷을 입고 으스대다니
   어리석은 자여,
   그대는 수행자의 옷을 입을 자격이 없다.

10. 그러나 그 영혼이 순수하며
    진리에 대한 열정으로
    불타고 있는 사람,
    그는 수행자의 옷을 입을 자격이 있다.*

11. 진실이 아닌 것을 진실이라 생각하며
    진실을 진실이 아니라 생각하는 사람은
    그릇된 생각에 빠져 있기 때문에
    저 진실에 이를 수 없다.

---

* 그러나 정말 진리에 대한 열정으로 불타고 있는 사람은 수행자의 옷마저 벗어 버린다. 이 형식마저 거부해 버린다.

12. 그러나 진실을 진실로 알고
    진실이 아닌 것을
    진실 아닌 것으로 아는 사람은,
    마침내 저 올바른 진리를
    깨닫게 될 것이다.
    그는 지혜의 빛 속에서
    진리로 가는 길을 발견하게 될 것이다.*

13. 지붕이 허술하면 비가 새듯
    잘 수련되지 않은 마음에
    탐욕은 걷잡을 수 없이 스며든다.

14. 그러나 지붕이 튼튼하면
    비가 새지 않듯
    잘 수련된 마음에는

---

* 힘이나 부귀영화보다도 더 중요하며 난관과 역경 속에서도 반드시 지켜야 할 것은 왕국이 아니라 진실이다. – 마하바라타 제29장 –

탐욕이 결코 스며들지 못한다.

15. 이 세상에 고통받고
    다음 세상에서도 고통받는다.
    저 악(惡)을 행한 사람은
    이 양쪽에서 모두 고통받는다.
    그는 그 자신이 행한 악행을 보며
    몹시 비탄해 하고 있다.**

16. 이 세상에서 행복해 하고
    다음 세상에서도 행복해 한다.
    저 선(善)을 행한 사람은
    이 양쪽에서 모두 행복해 하고 있다.

** 그러나 보라. 나쁜 짓을 하는 친구들이 더 활개를 치고 사는 요즈음 세상이 아닌가. 성실하고 정직하게 살아가는 사람들은 자꾸 뒷전으로 밀리고, 무지스럽고 간악한 친구들이 떵떵거리고 있는 이 나라여, 진리는 어디로 갔는가. 그러나 그대 외로운 구도자여, 이 고난의 나날을 값진 시련으로 생각하고 묵묵히 참고 견뎌야 한다. 밤이 깊으면 그럴수록 새벽은 점점 더 가까워지느니….

그는 그 자신이 행한 선행을 보며
매우 행복해 하고 있다.

17. 이 세상에서 슬퍼하고
다음 세상에서도 슬퍼한다.
저 악을 행한 사람은
이 양쪽에서 모두 슬퍼하고 있다.
'나는 악행을 저질렀다'
이렇게 비탄해 하며
그는 슬픔의 정글 속을 헤매고 있다.*

18. 이 세상에서 기뻐하고
다음 세상에서도 기뻐한다.
저 선을 행한 사람은
이 양쪽에서 모두 기뻐하고 있다.

---

* 악을 행한 사람이 '나는 나쁜 짓을 했다'고 비탄해 한다면 그는 더 이상 악인이 아니다. 그러나 악행을 저지르고도 오히려 큰소리치는 이 철면피 같은 인간이야말로 영원히 구제받을 수 없는 죄인이다.

'나는 착한 일을 했다'
이렇게 만족해 하며
그는 축복의 꽃밭길을 가고 있다.

19. 입으로는 성스러운 말을 곧잘 하지만
    그러나 그것을 전혀 행동으로
    옮기지 않는다면
    이런 무지(無知)한 사람은 결코
    저 성스러운 삶을 누릴 수 없다.**

20. 그렇게 많은 말은 하지 않지만
    그러나 자신이 말한 그대로
    살아가고 있는 사람,
    탐욕과 미움과 환상에서 깨어난 사람,

** 말이 그 행위를 따라가지 못하는 사람, 그는 무지한 사람이다. 그러나 말과 행위가 하나가 되는 사람, 그는 지혜로운 사람이다. '무지(無知, avidya)'와 '지혜(智慧, vidya)'의 차이는 바로 이것이다.

"군자는 행동은 민첩하게 하고 말은 더디게 해야 한다." - 공자(孔子) -

지금 현재와 이후로
그 어떤 것에도 집착을 두지 않는 사람,
이런 이의 삶이야말로
성스러운 삶이 아닐 수 없다.

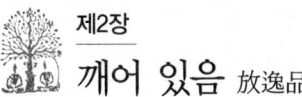

제2장
깨어 있음 放逸品

21. 자각(自覺)은 영원의 길이며
    무지는 죽음의 길이다.
    그 영혼이 깨어 있는 이들은
    영원히 살 것이며
    그 영혼이 잠든 이들은
    이미 죽음의 집에 들어섰다.

22. 이를 분명히 깨달은 이들은
    그 자각 속에서 법열에 넘칠 것이며
    다시 이 거룩한 길에서 기뻐할 것이다.

23. 명상의 실습과 굳은 의지력,
그리고 강력한 정신력이 있는 그들은
마침내 저 진리의 절정인
'니르바나(열반)'*에 이르게 된다.

24. 신념은 줄기차게 타오르며**
언제나 궁극적인 목적을 잊지 않는 이,
그의 행위는 순수하며
그 자신의 일을 주의 깊게 하는 사람,
그 자신을 지혜롭게 절제하면서
저 완성된 삶을 향해 나아가는 사람,

---

* 니르바나(nirvāṇa) : 열반(涅槃)이라 번역하고 있는 이 말은 많은 의미를 내포하고 있다. 그러나 그 많은 뜻 가운데에서도 다음의 두 가지가 대표적이다.
첫째, 깨달은 상태.
둘째, 번뇌의 불길이 꺼진 상태.
** 여기 A. 토스카니니의 멋진 말이 있다. "신념은 인간에게 가장 중요하다. 그러나 아무리 굳센 신념을 지니고 있더라도 다만 침묵으로 가슴 속에 품고만 있으면 아무 소용이 없다. 어떤 대가를 치르더라도 반드시 자신의 신념을 실천하는 용기가 필요하다. 이 때 비로소 신념은 생명력을 갖게 되는 것이다."

그는 영원히 깨어 있는 이다.
그는 이 축복 속에서
영원히 깨어 있는 이다.

25. 신념과 자각의 향상에 의해서
    그리고 자기 절제와 극기에 의해서
    저 생각이 깊은 사람은
    그 자신의 영혼을 위해서 섬***을 만든다.
    무지의 홍수가 덮칠 수 없는
    저 안전한 섬을….

***여름, 우기(雨期)가 되면 인도의 평원은 그대로 홍수가 범람하는 바다가 된다. 모든 집들이 이 홍수 속에 잠기게 되면 사람들은 언덕이나 산을 향하여 결사적으로 피신한다. 왜냐하면 언덕이나 산은 이제 홍수가 덮칠 수 없는 가장 안전한 섬이 되기 때문이다. 사방이 홍수로 휩쓸려 갈 때 이 섬(언덕이나 산)만은 안전하기 때문이다. 인도의 여름, 그 장마철(雨期)을 경험해 보지 않은 사람은 그 상황이 얼마나 절박한지 모를 것이다. 인도인들이 진리의 세계를 '저 언덕(彼岸, 니르바나)'이라 한 것은 바로 이 홍수의 범람을 전제로 한 것이다.

26. 저 어리석고 무지한 사람에겐
    자기 절제도 없고 영혼의 자각도 없다.
    그러나 자각 속에서 살고 있는 사람은
    그 영혼의 불꽃을
    가장 귀한 보석으로 간직한다.*

27. 무지에 굴복하지 말라.
    쾌락이나 헛된 야망에 빠지지 말라.
    명상 속에서 언제나 깨어 있는 사람은
    마침내 저 기쁨의 절정인
    '니르바나'에 이르게 된다.

28. 저 무지를 정복한 이는
    고뇌에서 벗어나 지혜의 정상에 오른다.
    그곳에서 그는 저 아래

---

* 저 다이아몬드가, 루비가, 비취만이 보석이 아니다. 진정한 의미에서의 보석은 그대 영혼의 불꽃이다. 그 파란 불꽃의 눈부신 개화(開花) 현상이다. 무아(無我)의 경지로 들어가는 그 법열이다.

고뇌의 세상을 내려다보고 있다.
산의 정상에 오른 사람이
산 아래를 내려다보듯.**

29. 무지한 자들 속에서 지혜로우며
잠든 자들 속에서 깨어 있는 사람은
모든 말들을 제치고 앞서 달리는
저 날쌘 말과도 같다.

30. 지혜로움으로 하여
번개의 신(神)인 인드라는
뭇 신들의 우두머리가 되었다.
그러기에 신들은 지혜로움을 찬양하나니
무지는 영원히 비난받는다.***

** 그러나 그는 결코 자신이 지혜의 정상에 올랐다 하여 자만해 하지 않는다. 그의 마음은 지금 생명에 대한 연민으로 가득 차 있기 때문이다. 지혜의 눈이 열린 이가 자만해 한다면 그것은 진정한 지혜가 아니다. 지혜는 겸허한 데서 나오는 것이기 때문이다.

*** 우리의 모든 잘못은 부끄러워할 줄 모르는 데서 비롯되고 있다. 부끄러

31. 저 지혜로운 수행자는
    무지를 멀리한다.
    모든 장애물을 태워버리는 불처럼
    그는 그 자신의 길을 향해 나아간다.

32. 지혜로운 이여,
    그대는 무지를 멀리했느니
    그대는 결코 패배하지 않는다.
    지혜로운 이여,
    그대는 이제 니르바나에 가까이 왔다.*

위한다는 것은, 즉 자기 자신을 되돌아본다는 말이다. 그러나 여기 부끄러움이 없다면, 자기 자신을 되돌아볼 줄 모른다면, 그것은 암흑이다. 암흑의 밤이다. 무지(無知)란 무엇인가. 그것은 '부끄러워할 줄 모르는 것'이다. '자기 자신을 되돌아볼 줄 모르는 것'이다.

* 불교의 궁극적인 목적은 바로 이 '무지(無知, avidya; 無明)'로부터의 해방이다. 깨달음이란 '무지'가 영원히 사라져 버린 상태다. 아니 '무지'가 '지혜'로 변형된 상태다. 이 지구상에 있는 종교 가운데 불교만큼 '지혜(vidya; 明智)'를 강조하는 종교는 없다.

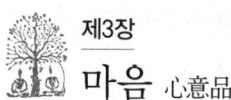
제3장
마음 心意品

33. 이 마음은
    끊임없이 물결치고 있으므로
    감시하고 다스리기 매우 어렵다.
    그러나 지혜로운 이는
    이 마음 잘 다스리나니
    활 만드는 이가 화살을 바로잡듯.

34. 땅바닥에 내던져진 저 물고기처럼
    마라(악마)의 손아귀에서 벗어나기 위하여
    이 마음은 지금 발버둥치고 있다.

35. 이 마음 걷잡을 수 없이 변덕스러워
    그가 좋아하는 곳이면 어디든지
    그곳을 공상하면서 날아간다.
    이 마음 다스리기 너무 어렵나니
    그러나 현명한 이는
    이 마음 잘 다스린다.
    잘 다스려진 마음은 행복의 근원이다.

36. 보이지 않으며
    볼 수도 없고 미묘한 것,
    그것이 이 '마음'이다.
    마음은 그가 좋아하는 곳이면 어디든지
    그곳을 공상하며 날아간다.
    그러나 지혜로운 이는
    이 마음 잘 다스린다.
    잘 다스려진 마음은 행복의 근원이다.

37. 형체가 전혀 없으면서
    이 심장의 동굴 속에 숨어 있는 것,
    때로는 멀리,
    때로는 혼자 가기도 하는 것,
    그것(마음)을 잘 다스리는 이는
    마라의 손아귀에서 벗어나리라.*

38. 그 마음이 확고하지 않으며
    올바른 진리의 길도 알지 못한다면
    그리하여 그 마음이
    바람 앞의 촛불처럼 흔들리고 있다면
    그는 결코 저 지혜의 완성에 이를 수 없다.

---

* 이 세상에서 가장 빠른 것은 무엇인가?
  이 세상에서 가장 느린 것은 무엇인가?
  이 세상에서 가장 작은 것은 무엇인가?
  이 세상에서 가장 큰 것은 무엇인가?
  이 세상에서 가장 깨끗한 것은 무엇인가?
  이 세상에서 가장 더러운 것은 무엇인가?

  그것은 '마음'이다. 나 자신의 '마음'이다.
  내 마음이며 동시에 그대 마음이다.
  아니 우리 모두의 마음이다.

39. 그러나 그 마음이 잘 다스려져서
    욕망의 먼지로부터 해방되었다면
    그리하여 선과 악을 모두 초월했다면*
    그는 깨달은 이다.
    그에게는 이제 더 이상 두려울 게 없다.

40. 이 몸은 질그릇처럼 부서지기 쉽나니
    이 마음을 저 요새와 같이 튼튼하게 정비하라.
    그런 다음 지혜의 검을 높이 휘두르며
    저 마라를 상대로 한판 승부를 겨루어라.
    승리를 얻은 후에는
    이 포로를 잘 감시하라.
    그리고 한눈을 팔거나 방심해서는
    절대로 안 된다.

---

* 빛이 있으면 그림자가 생긴다. '선(善)'이 있으면 '악(惡)'이 뒤따른다. 이렇듯 선과 악은 빛과 그림자처럼 서로 따라다닌다. 그러므로 진정한 의미에서의 '선'을 행하려면 선과 악의 이 상대적인 차원에서 벗어나야 한다. 그리하여 악도 없고 선마저 없을 때 아아,, 그때야말로 최고의 선인 저 니르바나에 이른 때이다.

41. 머지않아 이 육체는 흙으로 돌아간다.
    이젠 아무도 돌봐주는 이 없이
    마치 나무토막처럼
    그렇게 버려지고야 만다.**

42. 원수의 그 어떤 원한보다도
    미움의 그 어떤 저주보다도
    잘못된 내 마음이 내게 주는 재난은
    이보다 더 큰 것이 없나니…***

** 여기 김달진 선생의 번역이 있다. 참고하라.

아아 이 몸은 오래지 않아
도로 땅으로 돌아가리라.
정신이 한번 몸을 떠나면
해골만이 땅 위에 버려지리라.

*** 가장 무서운 적은 바로 나 자신이다. 나 자신의 마음이다. 나 자신의 마음 속에서 꿈틀거리고 있는 이 부정적(否定的)인 에너지이다.

43. 아버지 어머니의 사랑이,
그리고 연인과 친구들의 사랑이,
제아무리 깊고 넓다 하더라도
올바른 내 마음이 내게 주는 사랑은
이보다 더 깊고 큰 것이 없나니…*

---

* 이제 사랑 타령은 그만 하자. 사랑은 언제나 내 가슴 속에서 샘솟고 있는데 왜 밖을 향하여 사랑을 찾고 있는가. 그대가 찾고 있는 그 사랑은 진정한 사랑이 아니라 그대 자신 속의 사랑이 밖으로 투사된 '사랑의 그림자'일 뿐이다. 혼자일 때 외로운 것은 사랑이 아니다. 사랑은 철저히 혼자가 되는 것이다. 혼자가 되어 누리 가득 충만감을 느끼는 바로 그것이다.

제4장
꽃 華香品

44. 누가 이 세상을 정복할 것인가.
    누가 저 신들의 세계를
    그리고 죽음과 고통을 정복할 것인가.
    아아, 그 누가
    이 불멸의 길을 발견할 것인가.
    꽃을 따는 사람이
    가장 아름다운 꽃을 발견하듯….

45. 깨달은 이는 이 세상을 정복할 것이다.
    저 신들의 세계를
    그리고 죽음과 고통을

능히 정복할 것이다.
그는 이 불멸의 길을 발견할 것이다.
꽃을 따는 사람이
가장 아름다운 꽃을 발견하듯…*

46. 이 육체를 물거품 같다고 보는 사람은
이 육체를 그림자 같다고 보는 사람은
저 쾌락의 꽃 속에 숨겨진
마라의 화살을 뽑아 버린다.
그리고 그는 죽음의 손아귀에서 벗어나
그 자신의 길을 묵묵히 간다.

47. 그러나 쾌락의 꽃을 따 모으기에만
정신이 오직 팔려 있는 사람에게
죽음은 어느 날 덮쳐 버린다.

---

* 이 세상에서 불멸의 길을 발견한다는 것은 마치 잡초 속에서 신비한 꽃을 발견하는 것과 같다. 이 한 송이의 꽃을 발견하기 위하여 우리는 얼마나 많은 날을 헤매었는가. 얼마나 많은 밤의 방황이 있었는가.

잠든 저 마을
한밤의 홍수가 휩쓸어 가버리듯.

48. 욕망의 갈증에 목이 타며
쾌락의 꽃을 따 모으기에만
정신이 오직 팔려 있는 사람에게
죽음은 어느 날 덮쳐 버린다.
그 쾌락의 즐거움 미처 다 맛보기 전에.

49. 꽃의 아름다움과 색깔,
그리고 향기를 전혀 해치지 않은 채
그 꽃가루만을 따 가는 저 벌처럼
그렇게 잠깬 이는
이 세상을 살아가야 한다.**

** 불멸의 길을 가는 사람은 누구에게도 피해를 줘서는 안 된다. 정신적으로든 물질적으로든 남을 다치게 해서는 안 된다. 구도자일수록 조용히 살아가야 한다. 어떤 명분으로라도 구도자가, 성직자가 설쳐대는 것은 보기에 좋지 않다.

50. 이미 저질렀거나
    아직 저지르지 않았거나를 막론하고
    다른 사람의 결점은 일체 보지 말라.
    이미 저질렀거나
    아직 저지르지 않았거나를 막론하고
    그대 자신의 잘못은 반드시 되돌아보라.

51. 아름다운 저 꽃이 향기가 없듯
    말만 하고는
    그것을 실천에 옮기지 않는다면
    그 사람의 말에는 향기가 없다.*

52. 아름다운 저 꽃에 향기가 나듯
    그 말한 바와 같이 행동한다면
    그 사람의 말에는 향기가 있다.

---

* 보라, 우리는 지금 '향기 없는 말'의 공해에 시달리고 있다.
말의 공해 / 사람 공해 / 소음 공해
듣지도 말고 / 보지도 말고 / 믿지도 말자.

53. 저 들꽃을 모아
    연인에게 안겨 줄 꽃다발을 만들 듯
    우리도 이 세상에 태어나
    보람된 일을 하고 가지 않으면 안 된다.

54. 꽃의 향기가 제아무리 짙더라도
    그 향은 바람을 거슬러 퍼질 수 없다.
    그러나 순수한 마음에서 풍기는
    그 덕(德)의 향기는
    바람을 멀리 거슬러
    이 세상 끝까지 간다.

55. 여기 전단의 향기와 장미의 향,
    그리고 연꽃과 자스민의 향이 있다.
    그러나 이 마음에서 풍기는 덕의 향기는
    이 모든 꽃의 향기를 앞지른다.

56. 뿐만 아니라 이 덕의 향기는
    마침내 하늘의 끝에 닿아
    저 신들*의 향기마저 제압해 버린다.

57. 진리의 길을 가는 사람,
    영원히 깨어 있는 사람,
    저 빛 속에서 자유로운 사람,
    그를 죽음은 결코 찾아낼 수 없다.

58. 저 쓰레기 시궁창 속에서
    한 송이 연꽃이 피어나 향기를 품듯,

59. 그 영혼이 잠깬 이는
    이 눈 먼 무리들 속에서
    찬란한 저 지혜의 빛을 발한다.

---

* 여기에서의 '신들'이란 신적인 존재들(Demigods)을 의미한다.

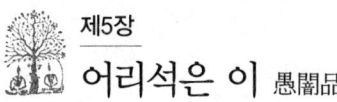
제5장
어리석은 이 愚闇品

60. 잠 못 드는 사람에겐 기나긴 밤이여,
    지친 나그네에겐 머나먼 이 길이여,
    불멸의 길을 찾지 못한
    저 어리석은 이에겐
    너무나 길고 지겨운 이 삶이여.

61. 이 삶의 기나긴 여행길에서
    나보다 나은 이나
    나와 동등한 이를 만나지 못했다면
    외롭지만 차라리 홀로 가라.
    저 어리석은 자는 결코

그대의 여행길에
아무런 도움도 되지 않는다.*

62. 이것은 내 아들이다.
이것은 내 재산이다.
어리석은 이는 이렇게 생각한다.
그러나 그대 자신조차도
그대의 것이 아닐진대
여기 누구의 아들이며
누구의 재산이란 말인가.**

---

* 외로움을 두려워하지 말라. 혼자가 되는 것을 두려워하지 말라. 어차피 우리는 홀로 이 세상에 태어났다가 또 홀로 가는 것이다. 여기 마지막 손님(죽음)이 찾아오게 되면 그대의 부모형제도, 아내와 남편도 그리고 친구마저도 이제 아무런 도움이 되지 못한다.

** 친구여, 잘 들어라. 돈이 생긴다면 쥐약이라도 서슴없이 마시려고 드는 나의 친구여. 그대의 몸마저도 어느 날엔가는 헌신짝처럼 내버리고 가야 하는데, 생각해 보라. 도대체 영원한 그대의 소유물이 어디 있단 말인가. 친구여, 사랑하는 나의 친구여, 더 이상 돈 때문에 바락바락 악을 쓰지 말라.

63. 어리석은 이가
 그 자신을 어리석다고 생각한다면
 그는 이미 어리석은 이가 아니다.
 그러나 어리석은 이가
 그 자신을 어리석지 않다고 생각한다면
 그 사람이야말로 진짜 어리석은 이다.***

64. 어리석은 이는
 일생 동안 지혜 있는 이의 옆에 살면서도
 그는 그 지혜의 길을 알지 못한다.
 저 숟가락이 음식의 맛을 모르듯.

65. 그러나 깨어 있는 이는
 단 한순간이라도
 지혜 있는 이와 접하게 되면

*** 이 세상에서 가장 어리석은 이는 누구인가. '나는 지혜롭다'고 자부하는 이다. 이 세상에서 가장 지혜로운 이는 누구인가. '나는 어리석다'고 자신을 낮추는 사람이다.

곧 지혜의 길을 알게 된다.
저 혓바닥이 음식의 맛을 알 듯.

66. 어리석은 이는
그 자신을 현명하다고 생각하며
원수가 그 자신에게 하듯
그렇게 그 자신을 파멸로 몰고 간다.
그는 쓰디쓴 결과만을 맺는
그런 부질없는 행위를 멈추지 않는다.*

67. 어떤 행위를 하고 난 다음
거기 후회하는 마음이 뒤따른다면
그 행위는 확실히 잘못된 것이다.
그리고 이 잘못된 행위에 대한 보답으로

---

* 여기 가장 큰 잘못은 그대 자신이 그대 자신을 소중히 여기지 않는 것이다. 그대 자신이 그대 자신을 소중히 여기지 않는데 누가 그대 자신을 소중히 여기겠는가. 그러나 '소중히 여기라'는 이 말은 '집착하라(我執)'는 말과는 다르다.

그는 쓰디쓴 참회의 눈물을
흘리게 될 것이다.

68. 그러나 어떤 행위를 하고 난 다음에도
거기 후회하는 마음이 전혀 없다면
그 행위에는 아무런 잘못이 없다.
그리고 이 착한 행위에 대한 보답으로
그는 더없는 행복감에 젖는다.

69. 나쁜 행위가 아직 무르익기 전에는
어리석은 사람은 생각한다.
'아아, 꿀과 같이 달콤하다'고.

그러나 일단 그 나쁜 행위가
무르익게 되면
저 어리석은 이는 이제
그 쓰디쓴 고통을
맛보지 않으면 안 된다.

70. 어리석은 이여
    제아무리 극심한 고행을 한다 하더라도
    그대의 고행은
    저 지혜로운 이들이 하는 고행의
    천분의 일, 만분의 일에도
    미치지 못하리라.

71. 악한 행위는
    마치 갓 짜낸 우유와 같아서
    그 즉시 요구르트로 발효되지는 않는다.
    그러나 재 속에 숨어 있는 저 불씨처럼
    그 어리석은 이의 뒤를
    끝끝내 따라다닌다.*

72 그리하여 이 악한 행위가
    알려지게 되면

---

* "인간은 행동에 의하여 자기 자신을 만들어 간다." - 사르트르 -

거기 걷잡을 수 없이
슬픔의 파도가 밀려온다.
이로 인하여
그의 운명은 여지없이 부서질 것이며
그의 영혼은 갈기갈기 찢겨질 것이다.

73. 그는 거짓 명성을 원하고 있다.**
    그는 수행자들의 앞에 서려고 한다.
    그는 권위를 내세워
    다른 사람들에게 존경을 받고자 한다.

74. '자 여러분 이 일은
    나로 인하여 이루어진 것이다.
    그러므로 앞으로 해야 할 일과
    하지 않아야 할 이 모든 일을

** 명성을 얻으려 하지 말라. 우라스톤의 말처럼 "명성은 대중의 입 위에 올라가 사는 것"에 불과하기 때문이다.

나에게 물어보라'
이것이 바로 야망과 자만에 가득 찬
저 어리석은 이의 생각이다.*

75. 여기 두 개의 길이 있나니
 한 길은 부(富)와 명성의 길이요,
 또 한 길은 니르바나로 가는 길이다.

 수행자여, 그대는 결코
 저 부와 명성의 길로 가지 말라.
 수행자여, 그대는
 니르바나, 저 영원의 길을 향하여
 부지런히 그리고 묵묵히
 나아가지 않으면 안 된다.

---

* 존경 받고자 하지 말라. 거기 허세와 위선이 뒤따르게 된다. 있는 그대로 보여 줘라. 멸시를 받더라도 존경을 받더라도 그런 것에는 아예 관심을 두지 말라. 이것이 이 세상을 멋지게 살아가는 비결이다.

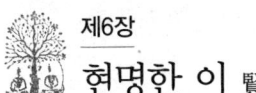

제6장
현명한 이 賢哲品

76. 나의 결점을 일러주는 이,
    나의 결점을 꾸짖어주는 이,
    이런 사람 만나거든 그를 따르라.
    그는 나에게
    보물이 감춰진 곳을
    일러주는 사람 같나니
    그를 따르면 많은 이익이 있다.

77. 그를 충고하라. 그를 가르쳐라.
    그로 하여금 잘못됨이 없도록 하라.
    그러면 그는 착한 사람들에게 사랑받고

악한 사람들에게는 비난받을 것이다.*

78. 악한 사람을 가까이 말라.
  정신 연령이 낮은 사람을
  가까이 말라.
  그 마음 씀씀이가 넉넉한 사람,
  그리고 존경할 수 있는 사람을
  가까이 하라.

79. 저 불멸의 감로를 마신 사람은
  지극히 평온한 마음으로
  법열에 젖어 있다.
  그는 이 진리 속에서
  진정한 행복을 맛본다.
  성인들이 말씀하신 이 영원불멸 속에서.

---

* 비난을 두려워하지 말라. 칭찬에도 관심을 갖지 말라. 그대는 그대 자신의 길만을 가라. 칭찬을 듣더라도 비난을 받더라도 그런 것들은 저 미친 개새끼에게나 던져줄 일이다.

80. 물 대는 이는 물길을 다스리고
 활 만드는 이는 화살을 바로 잡는다.
 집 짓는 이는 나무를 잘 다듬고
 현명한 이는 그 자신의 마음을 다스린다.

81. 저 견고한 바위가
 센바람에도 전혀 움직이지 않듯
 칭찬과 비난의 바람 불어와도
 현명한 이는
 거기 절대로 동요되지 않는다.

82. 그 영혼이 순수한 이는
 불멸의 말을 듣고
 저 깊고 맑은 호수와 같이
 그 마음 깊이 행복을 느낀다.

83. 현명한 이는
그 어디에도 집착하지 않는다.
그리고 눈 먼 쾌락만을
뒤쫓지도 않는다.
즐거운 일을 당해도 괴로운 일을 당해도
그는 전혀 거기 흔들리지 않는다.*

84. 자기 자신을 위해서나 남을 위해서나
자식과 재물과 권력을 탐내지 말라.
부당한 방법으로
그대 자신의 성공을 바라지 말라.

---

* 생존의 이 바다에는 언제나 즐거움과 괴로움의 파도가 치고 있다. 파도를 타지 말라. 거기 극심한 피로감이 몰려온다. 언덕에 앉아, 파란 꽃 피는 언덕에 앉아 사자의 갈기를 휘날리며 몰려오고 있는 저 파도의 떼들을 지켜봐야 한다. 저만치 거리를 두고….
"앉아서 흥망성쇠를 본다(坐觀成敗)" - 십우도(十牛圖) -

85. 오직 몇 안 되는 사람만이
    시간의 강물을 멀리 건너
    니르바나, 저 언덕에 이를 뿐
    그 대부분의 사람들은
    도중에서 강물에 빠지거나
    아니면 건너기를
    아예 포기해 버리고 만다.

86. 그러나 진리를 알고
    그 불멸의 길을 따르는 사람들은
    니르바나, 저 언덕에 이른다.
    야마(죽음)의 손아귀에서 멀리 벗어나….

87. 어둠의 길을 버리고 빛의 길을 가라.
    거주처(집)에 대한
    지나친 집착을 버리고
    저 고독 속에서 홀로 기쁨을 찾으라.

88. 지혜로운 이는 이 집착의 집을 떠나
자유로운 삶을 택하나니
외롭고 적적한 곳에서
그대 자신의 진정한 행복을 맛보라.

소유욕과 헛된 야망,
그리고 그대 마음을 덮고 있는
이 무지와 갈등으로부터 벗어나서.

89. 그의 마음은 빛으로 가득 차 있다.
그는 이미 집착의 집을 나와 버렸다.
집착의 굴레를 벗어나서
무지의 어둠을 벗어나서
그는 저 찬란히 빛나고 있다.
이제 이 덧없는 시간의 물결 속에서
그는 니르바나,
저 영원을 감지하고 있다.

제7장
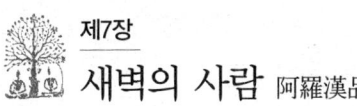
새벽의 사람 阿羅漢品

90. 나그네는 마침내 고향집에 이르렀다.
    저 영원한 자유 속에서
    그는 이 모든 슬픔으로부터 벗어났다.
    그를 묶고 있던 오랏줄은 풀리고
    이 삶을 태우던
    그 헛된 야망의 불길은
    이제 꺼져버렸다.

91. 멀리 더 멀리 보는 이는
    높이 더 높이 난다.
    그는 결코 한 곳에 머물지 않는다.

흰새가 호수를 떠나 하늘 높이 날 듯
그는 이 집착의 집을 떠나 높이,
더 높이 난다.

92. 음식을 지혜롭게 절제하며
니르바나의 길을 가고 있는 그를
뉘 감히 쫓아갈 수 있단 말인가.
부귀영화를 거부하고
니르바나의 하늘을 높이 나는 그를.

니르바나의 하늘은 처음도 끝도 없나니
그는 마치 창공을 나는 새와 같아서
평범한 우리가 뒤쫓기는 매우 어렵다.*

---

* 어려운 일이다. 부귀를 거부한다는 것은, 명예를 거부한다는 것은, 그리하여 저 불멸의 길을 간다는 것은 아아, 차라리 죽기보다 더 어렵고 또 어려운 일이다.

93. 저 자유의 하늘 높이 나는 그를
    니르바나의 그 길을,
    뉘 감히 뒤쫓아갈 수 있단 말인가.
    니르바나의 하늘은 처음도 끝도 없나니

    여기 헛된 야망은 사라지고
    탐욕의 미친 불길 꺼져 버렸다.
    그는 마치 창공을 나는 새와 같아서
    평범한 우리가 뒤쫓기는 매우 어렵다.

94. 마부가 말을 길들이듯
    감각을 지혜롭게 절제하는 이,
    그는 헛된 야망과 자만심에서 벗어났다.
    이제 저 하늘의 신들조차도
    축복의 꽃비 뿌리며 그를 찬양한다.

95. 그는 대지와 같이 모든 걸 포용한다.
　　　그는 저 돌기둥처럼 든든하다.
　　　그는 호수처럼 깊고 맑다.
　　　삶과 죽음이 끝없이 반복되는
　　　윤회(輪廻), 이 악순환으로부터
　　　그는 멀리 벗어나 있다.

96. 그는 그 영혼의 빛 속에서
　　　그는 그 자신의 자유를 발견한다.
　　　거친 사고(생각)의 물결은 자고
　　　뒤틀린 언어의 바람*은 잔잔하다.
　　　보라, 그의 행위는
　　　이제 생명의 리듬을 타고 있다.

---

* 여기 '뒤틀린 언어의 바람'이란 무엇인가? 언어를 이용하여 교묘하게 속임수를 쓰거나 아니면 내용 없는 언어의 유희(관념의 유희)를 말한다. 이 점에서 본다면 "철학은 언어의 게임"이라고 말한 비트겐슈타인의 말은 전적으로 옳다.

97. 그 어떤 것에도 의지하지 않는 이,

    저 영원의 진리(니르바나)를 깨달은 이,

    삶의 이 속박**을 끊어버리고

    그 유혹마저 물리쳐 버린 이,

    그리고 욕망을

    멀리 저 멀리 던져 버린 이,

    그 사람이야말로

    가장 위대한 인간이 아니겠는가.

** '삶의 속박'이란 무엇인가?
사돈의 팔촌으로 얽히고 설킨 '인간 매듭'을 말한다. 그 매듭에서 야기되는 갖가지 구속력을 말한다. "가족에 대한 집착을 버리라"는 부처님의 말이나, "칼을 주려고 이 세상에 왔다"는 말은 바로 이 핏줄로 얽힌 매듭을 풀어 버리라는 말이다. 이 매듭을 풀지 않는 한 해탈은, 저 영혼의 자유는 불가능하다. 내 아내, 내 가족이 그대의 가슴 속에 못박혀 있는 한 거기 불멸의 길을 향한 나그네가 된다는 것은 불가능하다.
〔문〕 그렇다면 이 속세에 살면서 깨달음을 얻은 성자 까비르(Kabir)를 어떻게 평해야 하는가.
〔답〕 까비르 같은 성자는 비록 이 속세의 온갖 핏줄 관계 속에 묻혀 살았지만 그러나 그는 이미 이 핏줄에 대한 애착에서 초월해 버렸다. 가족에 대한 애착을 끊어 버린 사람은 어디서 어떻게 살든지 그가 살고 있는 곳이 그대로 니르바나의 땅인 것이다. 그러나 비록 근엄한 성직자의 옷을 입었다 해도 그 마음 속에 아직도 가족에 대한 애착의 고리가 남아 있다면 그가 사는 곳은 어디든지 감옥이다. 인간고(人間苦)의 감옥이 아닐 수 없다.

98. 도시면 어떻고 시골이면 어떤가.
산 속이면 어떻고
또 시장바닥이면 어떤가.
그 영혼이 깨어 있는 이에게는
이 모두 축복의 땅인 것을.*

99. 사람이 살지 않는 저 산 속이
그에게는 축복의 곳이거니
그는 이제 욕망의 무거운 짐 벗어 버렸다.
세상사람들 알지 못하는 그 즐거움을
그는 그곳에서 홀로 느끼고 있다.

---

* 축복은 밖에서 오는 것이 아니라 자기 자신의 안으로부터 솟아 나오는 것이다. 저 땅 속에서 솟아 나오는 샘물처럼….

제8장
천보다도 백보다도 述千品

100. 쓸모 없는 저 천 마디의 말보다도
그대 영혼에 기쁨을 주는
단 한 마디의 말이 보다 낫거니.**

101. 형용사로 가득 찬
저 천 개의 시구보다도
그대 영혼의 잠을 깨우는

** 우리 주변은 지금 너무나 많은 말로 굽이치고 있다. 온갖 미사여구를 동원한 말들이 홍수처럼 넘치고 있다. 그러나 이렇게 많은 말에도 불구하고 우리는 말에 굶주리고 있다. 진실한 마음에서 나오는 단 한 마디의 말에 굶주리고 있다.

단 한 줄의 시가 보다 낫거니.*

102. 온갖 찬사로 가득 찬
저 천 개의 성구(聖句)보다도
그대 영혼의 줄을 울리는
단 한 마디의 글귀가 보다 낫거니.

103. 전장(戰場)에 나가
백만의 적과 싸워 이기는 그것보다
자기 자신과 싸워 이기는 것이야말로
가장 위대한 승리거니.**

---

* 시(詩)란 짧을수록 응축력이 있다. 그런데 요즈음의 시들을 보라. 쓸데없는 말이 왜 그리 길고 긴가.

** 자기 자신과 싸워 이긴다는 것은 정말 힘든 일이다. 그러나 자기 자신과 싸워 이긴 이들은 죽음의 차원마저 초월해 버린다. 역사는 결코 이런 이들을 시간의 차원으로 끌어내려 평할 수 없다.

104. 자기 자신에 대한 승리야말로
　　　승리 가운데 가장 위대한 승리거니
　　　끊임없이 자기 자신을 정복하고
　　　자기 자신을
　　　지혜롭게 다스려 가는 사람을.

105. 신들도 악마조차도
　　　그리고 이 세상의 어느 누구도
　　　이제 그를 정복할 수는 없다.***

*** 가장 위대한 정복자는 누구인가. 징기스칸, 알렉산더, 나폴레옹 등은 확실히 위대한 정복자였다. 그러나 그런 정복자들은 진정한 의미에서의 위대한 정복자는 아니다. 그들은 결코 위대한 정복자가 아니라 지배욕에 불타던 미치광이들이었다. 그러나 역사는 이런 미치광이들을 위대한 영웅으로 치켜세우고 있으니 이 얼마나 웃기는 일인가. 그렇다면 정말로 위대한 정복자는 누구인가. … 자기 자신을 정복한 사람이다. 정복하기 힘든 자기 자신을 정복하여 인간의 영혼에 불멸의 빛을 되살아나게 해 준 분들이다.

106. 저 브라만 신을 향하여
한 달에 천 번씩 백 년 동안을
내내 공양물을 올리는 그것과
자기 자신을 정복한 사람에게
단 한 번의 존경을 표하는 그것과
어느 것이 더 값어치가 있겠는가.
저 백 년 동안의 번제(燔祭) 공양보다도
이 단 한 번의 존경이
훨씬 값 있는 것이니.*

107. 깊은 산 속에 들어가 백 년 동안을
불의 신 아그니**에게
제사를 드리는 그것과
자기 자신을 정복한 이에게

---

* 형식은 중요하다. 그러나 형식보다 더 중요한 것은 내용이다. '형식'이라는 그릇에 담기는 '내용물'이다.

** 재래식 부엌의 불 지피는 곳을 '아궁이'라고 한다. 우리말의 이 아궁이는 산스크리트 어의 '아그니(agni)'에서 온 말이다. 불의 신(神)인 '아그니'가 불을 지피는 부엌 '아궁이'로 변한 것이다.

단 한 번이라도 존경을 표하는 그것과
어느 쪽이 보다 값어치가 있겠는가.
저 백 년 동안의 제사보다도
이 단 한 번의 존경이
훨씬 값 있는 것이니.

108. 제아무리 정성을 다하여
신에게 제사를 지낸다 해도
그만은 못하리.
그 영혼이 잠깨어 홀로 가는
저 수행자에게 드리는 그 존경의 마음,
그만은 못하리, 그만은 못하리.***

*** 물질이 물질의 차원에만 머물게 될 때 그 물질에는 한계가 있다. 그러나 물질 속에 그 정성이 깃들인다면, 그대 마음이 깃든다면, 그 물질은 '정신적인 것의 가시적인 표현'으로 변질된다. 이런 물질(정신화된 물질)에는 그 한계가 없다.

109. 나이 많은 이를 존경하고 받들게 되면
　　　다음의 네 가지가 증가한다.
　　　수명장수, 건강
　　　그리고 삶의 힘찬 에너지와 그 기쁨.

110. 백 년 동안을
　　　무의미하게 사는 것보다도
　　　단 하루만이라도 여기
　　　명상과 축복 속에 사는 것이
　　　보다 낫지 않겠는가.*

---

* 그러나 얼마나 많은 사람들이 맹목적으로 수명장수를 바라고 있는가. "쇠똥에 굴러도 이승이 좋다"고 외쳐대며 좀 더 오래 살려고 발버둥치고 있는가. 맹목적인 생의 이 발악현상은 고령층일수록 그 농도가 짙다. 젊은이들은 차라리 깨끗이 죽을 수 있다. 저 승조 법사(僧肇法師)처럼 담담하게 칼날에 목을 맡길 수 있다. 그러나 나이가 들면 그럴수록 죽음 앞에서 비겁해지게 된다.

　용기 있는 이들은 다 떠나가고
　비겁한 자들만이 살아남은 이 거리
　살아남기 위하여 갖가지 비겁한 짓으로
　오늘도 또 하루가 시작되는 이 거리.
　– 필자의 시에서 –

111. 백 년 동안을
 무지하게 사는 것보다는
 단 하루만이라도 여기
 명상과 지혜의 빛 속에서 사는 것이
 보다 낫지 않겠는가.

112. 백 년 동안을
 나약하고 게으르게 사는 것보다는
 단 하루만이라도 여기
 굳은 의지와 진지한 노력 속에 사는 것이
 보다 낫지 않겠는가.

113. 이 모든 사물의
 그 생성과 소멸을 알지 못한 채
 백 년을 무의미하게 사는 것보다는
 단 하루만이라도 여기
 이 모든 사물의 생성과 소멸을
 알고 사는 것이 보다 낫지 않겠는가.

114. 니르바나, 저 불멸을 알지 못한 채
　　　백 년을 사는 것보다는
　　　단 하루만이라도 여기
　　　니르바나, 저 불멸을 깨닫고 사는 것이
　　　보다 낫지 않겠는가.

115. 저 영원의 길을 알지 못한 채
　　　취하여 백 년을 사는 것보다는
　　　단 하루만이라도 여기
　　　불멸의 길을 알고 사는 것이
　　　보다 낫지 않겠는가.*

---

* 문제는 얼마만큼 오래 사느냐가 아니라 어떻게 사느냐이다. 이런 입장에서 본다면 '수명장수 부귀다남(壽命長壽 富貴多男)'이라는 중국식의 명언은 무지스러움의 극치가 아닐 수 없다.

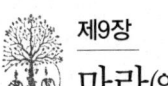

제9장

마라(악마) 惡行品

116. 서둘러 좋은 일을 하라.
그대 마음을 악으로부터 멀리 하라.
서둘러 좋은 일을 하지 않으면
그대 마음은 저 악함 속에서
기쁨을 찾으려 할 것이다.

117. 사람이 만일 나쁜 짓을 했다면
다시는 그것을 반복하지 못하게 하라.
그 악함 속에서
기쁨을 느끼지 못하게 하라.
그 고통은 바로 그대 자신의

그 악한 행위의 결과다.

118. 사람이 만일 좋은 일을 했다면
거듭거듭 그것을 되풀이하게 하라.
그 좋은 일 속에서
기쁨을 느끼게 하라.
그 기쁨은 바로 그대 자신의
그 착한 행위의 보답이다.

119. 악한 행위가 무르익기 전에는
악행을 한 사람은
그 속에서 기쁨을 느낄 것이다.
그러나 그 악한 행위가 무르익게 되면
그는 그 악행 속에서
재앙을 만나게 된다.

120. 착한 행위가 아직 무르익기 전에는
　　　선행을 한 사람도 수난을 당한다.
　　　그러나 그 선행이 무르익게 되면
　　　그는 그 선행 속에서 행복을 맛본다.

121. '이것은 별거 아니겠지'
　　　이렇게 생각하며
　　　조그만 악이라도 소홀히 말라.
　　　저 물방울이 모이고 모여
　　　마침내 큰 항아리를 가득 채우듯
　　　어리석은 이는
　　　조그만 악을 소홀히 하여
　　　그 결과로 마침내
　　　큰 재앙을 불러들인다.

122. '이것은 별거 아니겠지'
　　　이렇게 생각하며
　　　조그만 행위라도 소홀히 말라.

저 물방울이 모이고 모여
마침내 큰 항아리를 가득 채우듯
지혜 있는 이는 이런 식으로
조그만 행위라도 소홀히 하지 않아
그 결과로 마침내
크나큰 기쁨을 맛보게 된다.*

123. 보물을 가지고 오는 장사치가
     동료들과 같이 무리지어 옴으로써
     어두운 밤길의
     그 위험으로부터 벗어나듯
     살고자 하는 사람이
     독약이 든 음식을 피하듯
     우리도 그와 같이

---

* '조그만 것'을 소홀히 하지 말라. 실패도 성공도 결국은 이 '조그만 것'이 좌우한다. 그러나 조그만 것을 소홀히 여기지 않는다는 것은 결코 쉬운 일이 아니다.

이 악으로부터 멀리 비껴가야 한다.**

124. 그 손에 상처가 없으면
  독을 만져도 아무 뒤탈이 없다.
  이처럼 독은 상처가 없는 손에
  상처를 입힐 수 없다.
  그 마음에 악한 기운이 전혀 없으면
  악이 결코 그를 침해할 수 없다.***

125. 이 모든 죄악으로부터 벗어난 사람,
  그 영혼이 가을 하늘처럼 맑은 사람,
  이런 사람을 해치려 하면
  그 원한의 마음은

** 악을 무찌를 힘이 없다면 차라리 악으로부터 멀리 비껴가야 한다. 악을 무찌를 힘도 없으면서 악을 무찌른다고 악과 맞서다가 오히려 악에 먹혀 버리는 사람들이 너무나 많다. … 이것은 무모한 짓이다.

*** 그 마음속에 악한 기운이 전혀 없다면 그는 지옥의 한가운데서 극락을 느낄 것이다. 그러나 그 마음속이 악한 기운으로 가득 차 있다면 극락의 한가운데서도 그는 지옥의 고통을 맛볼 것이다.

그 자신에게로 되돌아온다.
바람 앞에서 티끌을 날리게 되면
그 티끌은
날린 사람에게로 되돌아오듯.

126. 어떤 이는 이 세상에 태어나고
악을 행한 사람은
지옥으로 들어가며
착한 일을 한 사람은
천상으로 올라간다.
그러나 그 영혼이
새벽별처럼 빛나고 있는 이는
마침내 니르바나, 저 곳에 이르게 된다.*

---

* 지옥의 차원을 넘어가라. 천국의 차원마저 넘어가라. 절대고독의 경지인 저 니르바나를 향해 나아가라. 그대 자신을 스승 삼아서….

127. 하늘도 아니요, 바다 속도 아니다.
    깊은 산 동굴 속도,
    그 어느 곳도 아니다.
    그대가 지은 죄악으로부터
    벗어날 수 있는 곳은
    이제 이 세상 어디에도 없다.

128. 하늘도 아니요, 바다 속도 아니다.
    깊은 산 동굴 속도,
    그 어느 곳도 아니다.
    야마(죽음)의 손아귀에서
    벗어날 수 있는 곳은
    이제 이 세상 어디에도 없다.**

** 안전한 피난처는 이 세상에 없다. 이 세상 전체가 지금 지진대 위에서 흔들리고 있다. 친구여, 짓지 말라. 그 집착의 집을 짓지 말라.

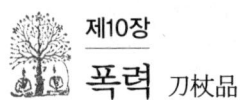

제10장
폭력 刀杖品

129. 모든 생명은 폭력을 두려워한다.
     모든 생명은 죽음을 두려워한다.
     이를 깊이 알아서
     죄 없는 생명을 함부로 죽이거나
     죽이게 하지 말라.

130. 모든 생명은 폭력을 두려워한다.
     모든 생명은 삶을 지극히 사랑한다.
     이를 깊이 알아서
     죄 없는 생명을 함부로 죽이거나
     죽이게 하지 말라.*

131. 자기 자신의 행복을 위해서
　　　다른 이의 행복을 침해한다면
　　　그는 결코
　　　진정한 행복을 맛볼 수 없다.

132. 그러나 자기 자신의 행복을 위해서
　　　다른 이의 행복을 침해하지 않는다면
　　　그는 진정한 행복을 맛볼 수 있다.**

133. 악한 말을 하지 말라.
　　　그 저주의 말은
　　　그대 자신에게로 되돌아온다.
　　　분노의 말은 고통을 불러오며
　　　그 보복은 결국

---

* 죽이지 말라. '죽고 싶다'고 말하는 그것마저도 '살고 싶다'는 감정의 반어적인 표현에 지나지 않는다.

** 행복은 나만의 것이 아니라 그대와 나의 것이다. 아니 행복은 우리 모두의 것이다. 그대여, 착각하지 말라. '나만의 행복', '우리 가족만의 행복'이라는 이 생각 속에서 부질없는 꿈을 꾸지 말라.

제10장 • 폭력

그대 자신에게로 되돌아온다.*

134. 저 부서진 종(鍾)이

　　　침묵 속에 앉아 있듯

　　　그렇게 그대 자신을

　　　침묵시킬 수만 있다면

　　　그대는 저 니르바나에 이른다.

　　　그리고 거기

　　　분노와 원한의 바람은 잔다.**

---

* 물고기는 언제나 입으로 낚인다. 사람도 역시 입으로 걸려든다.
　– 탈무드 –

** 말을 잘하기는 쉽다. 그러나 침묵을 지키기는 어렵다. 왜냐하면 말들이 혀끝에서 난동을 부리기 때문이다. 고삐 풀린 말들이 입 밖으로 뛰어나오려고 지랄발광을 하기 때문이다. 그러나 이 고삐 풀린 말들을 다스려 침묵시킬 수만 있다면 그대는 '성자'다. 침묵을 아는 자, '무니(muni)'가 될 수 있다.

135. 저 소치는 이가
그의 소들을 들판으로 내 몰고 가듯
늙음과 죽음은
우리의 생명을 몰고 간다.

136. 어리석은 이는 악을 행하면서도
그 악을 행하고 있다는
이 사실을 알지 못한다.
어느 날엔가 그는 마침내
그 자신이 행한 그 악행의 불에
크나큰 화상을 입게 될 것이다.

137. 악의(惡意)가 없는 사람을 해치게 되면
다음의 열 가지 벌 가운데
어느 한 가지를 받게 된다.

138. 첫째, 극심한 고통
둘째, 재물을 잃어버림
셋째, 팔다리가 잘림
넷째, 몹쓸병에 걸림
다섯째, 정신 이상

139. 여섯째, 소송에 말려듦
일곱째, 쇠고랑을 차게 됨
여덟째, 친지들의 멸망과 가산의 탕진

140. 아홉째, 집안에 불이 남
열째, 그리고 그의 몸이 부서질 때
그 어리석은 자는
즉시 암흑 속으로 떨어진다.

141. 나체의 고행도 머리를 풀어헤침도
목욕을 전혀 하지 않음도
단식과 맨땅에서 잠자는 고행도

전신에 재를 뿌리고 앉아 있음*도
그리고 부동의 자세로 앉아
명상을 하는 그것마저도
그대 자신을 정화시킬 수 없다.
이 의심의 마음과 욕망을
극복하지 않는 한.

142. 비록 수행자의 낡은 옷을
입지 않았더라도
지극히 평화롭게 살아가며
매사에 긍정적이고
자기 절제와 신념이 있는 사람,

그리고 살아 있는 생명을
함부로 해치지 않는 사람,

---

* 여기 언급하고 있는 사항들은 부처님 당시 수행자들이 행하고 있던 갖가지 고행 방법들이다.

이런 사람이야말로
진정한 구도자요, 수행자다.

143. 날쌔고 영리한 저 말이
내려치는 채찍을 재빨리 피하듯
이 모든 비난의 화살을
지혜롭게 피해 가는 사람,
그런 사람 이 세상 어디에 있단 말인가.

144. 채찍을 맞은 저 날쌘 말처럼
힘차고 빨라야 한다.
신념과 자기 절제와 적극성,
그리고 명상과 올바른 행위와
지혜의 수련에 의해서
그대는 이 고뇌를 넘어가야 한다.

145. 물대는 사람은 물길을 바로 잡고
    활 만드는 사람은 화살을 바로 잡고
    저 목수는 나무를 다루고
    현명한 이는
    지혜롭게 그 자신을 다스린다.*

---

* 자기 자신을 다스릴 수만 있다면 여기 종교도 도덕도 아무것도 필요치 않다. 나 자신이 나 자신을 다스리지 못하는 데서 종교가, 도덕이 생겨난 것이다. 친구여, 착각하지 말라. 나 자신을 다스리지 못하면서 누구를 다스리겠다고 날뛰고 있는가. 지나가는 바람이 웃는다.

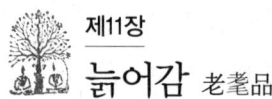

제11장
늙어감 老耄品

146. 보라,

　　이 세상 전체가 지금 불타고 있나니

　　여기 웃을 시간이 어디 있단 말인가.

　　그대는 지금 어둠 속에 갇혀 있나니

　　왜 등불을 찾지 않는가.*

---

* 왜 등불을 찾지 않는가. 니르바나, 저 불멸을 향해 나아가는 그 등불을 왜 찾지 않는가. 찾는다는 것은 그저 고스톱판이요, 노래방뿐이니…. 참 한심한 일이다. 그러나 아아, 그러나 고스톱판이나 노래방이 없다면 스트레스 풀 곳이 없는 걸 어이하리. 이럴 수도 없고 저럴 수도 없는 이 빌어먹을 놈의 현실을 어이하리.

147. 보라, 이 육체를 보라.
 온갖 오물로 가득 찬
 이 가죽주머니를 보라.
 이 병의 온상을,
 온갖 번뇌망상의 이 쓰레기 더미를,
 그리고 이제 머지않아
 썩어 버릴 이 살덩어리를 보라.**

148. 이 육체는 마침내 부서지고야 만다.
 병의 보금자리여, 타락의 뭉치여,
 아아, 이 삶은 결국
 죽음으로 이렇게 끝나고야 마는가.***

** 그러나 이 육체를 너무 부정적으로만 보지 말라. 이 육체가 없어지면 나는 이 글을 쓸 수도 없고 그대는 또 이 글을 읽을 수도 없다.
*** 어디인지 모르는 곳에서 생명은 왔다가 어디인지 모르는 곳으로 죽음과 함께 생명은 가버린다. - 마하바라타 제96장 -

149. 희끄무레한 이 뼈다귀를 보라.
저 가을 들판에 버려진 표주박 같나니
보라, 여기 무슨 기쁨이 있단 말인가.

150. 이 육체는 뼈의 집,
뼈들은 살과 피로 덮여 있나니
이 집의 식구들은 누구인가?
자만과 위선, 그리고 늙음과 죽음이다.

151. 저 금빛 찬란한 왕의 마차도
마침내 낡아 부서지고야 만다.
활기 넘치는 그대의 그 젊은 육체도
마침내 늙어 부서지고야 만다.

그러나 니르바나,
저 불멸을 향한 그 수행의 힘은
결코 늙거나 부서지지 않나니
그러므로 세대에서 세대로

니르바나,

이 불멸을 길이 전해 가야 한다.*

152. 배우기를 힘쓰지 않은 채

세월 가는 대로

그저 나이만 먹어 간다면

그는 늙은 소와 같다.

그의 몸은 늙어 주름살이 깊지만

그러나 그의 지혜는

전혀 빛을 발하지 않는다.**

---

* 그렇게 빛나던 나의 치아를 보라. 삼 년 동안 씹은 후라보노 껌 덕분에 충치가 네 개나 먹었도다. …물질은 이렇듯 부서져 가고야 마느니 자랑하지 말라. 그 젊음을 너무 과시하지 말라. 발미끼의 말처럼 "젊음은 짧고 한번 흘러간 물은 다시 돌아오지 않는다."

** 우리 주변에는 나이 먹은 것으로 목에 힘을 주려는 사람들이 너무 많다. 남자들끼리 싸움을 할 때면 으레 나오는 말은 이런 것이다.
"야, 이 자식아, 너 몇 살이나 처먹었어?"
이 말 속에는 자기는 상대보다 나이가 훨씬 많다는 뜻이 내포되어 있다. … 어리석은 짓이다. 오죽 자랑할 게 없으면 나이 자랑을 하는가. 부끄러워해야 한다. 쓸데없이 나이만 먹은 그것을 부끄러워해야 한다. '어른' 소리 듣는다는 것은 쉬운 일이 아니다.

153. 이 집(육체) 지은 이 찾아
수많은 생을 헤매었다.
그러나 나는 그를 찾을 수 없었나니
그저 고통스러운 탄생과 죽음만이
여기 끝없이 되풀이되었을 뿐.

154. 그러나 이제
이 집 지은 이를 나는 찾았다.
다시는 이 집을 짓지 말라.
이 집의 서까래는 무너졌고
대들보는 갈라졌다.
내 마음은 지금
이 모든 환각에서 깨어나
니르바나, 저 새벽을 향하고 있다.

155. 그 젊은 날에
보람 있는 삶을 살지 않았고
인생의 진정한 재물(진리)*도
얻지 못한 이는
고기 없는 연못가에 서 있는
저 늙은 왜가리처럼 쓸쓸히 죽어간다.

---

* 막스 뮬러, 나라다, 나까무라 박사를 위시해서 많은 번역가들은 이 부분을 단지 '재물(dhana)'로 번역하고 있다. 그러나 이 분들의 번역에 따르면 '젊은 날에 재물을 모아두지 않으면 늙어서 고생한다'는 식이 되어 지극히 세속적이 된다. 그러나 후앙 마스카로와 라다 크리슈난 박사는 '세속적인 물질이 아니라 영적인 재물(Spirinal Welth, not Worldly Wealth)'이라 번역하고 있다. 필자는 후앙 마스카로와 라다 크리슈난의 입장을 따르기로 했다. 왜냐하면 이 두 분의 입장이 부처님의 원래 마음에 가장 가깝기 때문이다. 어떤 경우에든 부처님은 물질을 강조한 일이 없기 때문이다.

(P. S) 억만장자의 아들이 나쁜 친구를 사귀어 재산을 모두 탕진하고 비탄해 하자 부처님은 그를 위로하기 위하여 여기 이 시(No. 155)를 읊었다는 일화가 있다. 그러나 이 일화와 관계 없이 여기 이 시에서의 '재물(dhana)'은 물질적인 재물이 아니라 '영적인 재물'로 봐야 한다. 그래야 불교의 입장이 살아난다.

156. 그 젊은 날에
　　　보람 있는 삶을 살지 않았고
　　　인생의 진정한 재물(진리)도
　　　얻지 못한 이는
　　　부서진 활처럼 누워서
　　　지난 일만을 내내 비탄해 하고 있다.

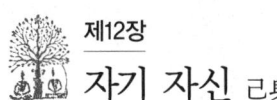
제12장
자기 자신 己身品

157. 자기 자신을 사랑한다면
자기 자신을 잘 보살펴라
인생의 세 번* 가운데 단 한 번만이라도
자기 자신을 분명히 지켜봐라.

158. 우선
먼저 무엇이 옳고 그른가를 안 다음
그것을 남에게 가르쳐야 한다.

---

* 인생의 세번 : 제1, 초년기→소년시절. 제2, 장년기→중년시절. 제3, 노년기→노년시절.

자기 자신조차
무엇이 옳고 무엇이 그른가를
알지 못하면서
그것을 남에게 가르친다면
그것은 그 자신에게나 남에게나
불필요한 고통만을 가져올 뿐이다.*

159. 다른 사람을 가르치듯
자기 자신이 행할 수만 있다면
그는 진정으로
다른 사람을 가르칠 수 있다.
가장 가르치기 어려운 것은
다른 사람이 아니라

---

* 우리 주변에는 지금 '나를 따르라'고 외쳐대는 사람들이 너무 많다. 모두가 스승뿐이요, 제자가 될 사람은 많지 않다. 모두가 다 자기 주장만을 외쳐댈 뿐, 남의 주장을 주의 깊게 들을 줄 아는 사람은 많지 않다. 그래서 이 사회가 이렇게 어지러운 것이다. 이즘(주의주장)의 파도로 어지러운 것이다.

바로 자기 자신이다.**

160. 자기 자신의 스승은 자기 자신이다.
    자기 자신 이외에 누가
    자기 자신의 스승이 될 수 있겠는가.
    자기 자신을 잘 다스리게 되면
    만나기 어려운 스승을 만난 것과 같다.

161. 자기 자신이 행한 악은
    자기 자신으로부터 태어났으며
    자기 자신으로부터 비롯된 것이다.
    저 다이아몬드가 막돌을 부수듯
    그것(악)은
    자기 자신을 부숴 버린다.***

** 가장 위대한 스승은 다른 사람을 가르치기에 앞서 자기 자신을 가르칠 줄 아는 사람이다.

*** 원망하지 말라. 그 누구도 원망하지 말라. 이 모든 결과는 나 자신이다. 원인 제공은 나 자신이다. 그러나 그래도 원망은 남아 있다. 원망하는 마음은 남아 끝까지 나를 괴롭히고 있다. 빌어먹을….

162. 저 나무를 감아 올라가는 덩굴처럼
　　　그 자신에게서 비롯된 악은
　　　바로 그 자신을 파멸시킨다.
　　　원수가 그를 파멸시켜 버리듯.

163. 잘못된 길을 가기는,
　　　그 자신을 파멸시키기는 쉽다.
　　　그러나 옳은 길을 가기는,
　　　그 자신을 향상시키기는 매우 어렵다.*

164. 그 자신의 잘못된 선입관으로 하여
　　　저 위대한 이의 가르침을
　　　비난하는 사람은
　　　거기 파멸의 결과가
　　　그를 기다리고 있다.

---

* 올라가기는 어렵지만 추락하기는 한순간이다. 밥을 짓는 데는 시간이 걸리지만 그러나 다 된 밥에 재 뿌리기는 한순간이다.

열매를 맺으면 곧 죽어버리는
저 대나무처럼.

165. 그 자신이 악한 일을 하고
그 자신이 그 갚음을 받는다.
그 자신이 악한 일을 하지 않으면
그 자신에 의해서 그 자신은 정화된다.

'순수'와 '순수하지 않음'은
전혀 그 자신에게서 비롯되나니
그 누구도 그 누구를
정화시킬 수 없다.**

166. 다른 사람을 위하는 것이
제아무리 뜻있는 일이라 해도

** 이 모든 책임은 나 자신이 져야 한다. 이 모든 것은 나 자신으로부터 시작해서 결국 나 자신으로 끝난다.

그것을 빙자하여
결코 그대 자신의 의무를
소홀히 말라.
자기 자신의 의무를 분명히 알고
그 주어진 의무에 최선을 다하라.*

---

* 남을 돕기에 앞서 자기 자신을 도와야 한다. 자기 자신에게 주어진 의무에 충실한 것. 그것이 바로 남을 돕는 첫걸음이다. 왜냐하면 남을 돕는다는 구실로 자기 자신의 의무를 소홀히 하게 되면 결과적으로 남에게 본의 아닌 피해를 주기 때문이다.

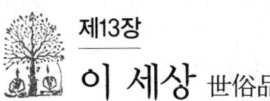

제13장
이 세상 世俗品

167. 어리석게 살지 말라.

   남의 흉내를 내면서 살지 말라.

   잘못된 생각에 끌려가지 말라.

   그리고 물질에만

   너무 탐닉하지도 말라.**

** 물질은 필요한 것이다. 돈은 필요한 것이다. 그러나 돈, 돈, 돈의 노예가 된다면 그것은 그 자신에게나 주위 사람들에게 지옥보다 더한 고통만을 가져다 줄 뿐이다. 여기 영국의 멋진 속담이 있다.
"돈이 말을 하면 진실이 침묵한다."

168. 일어나라. 잠을 깨라.
   니르바나, 저 새벽길을 가라.
   이 세상에서도 다음 세상에서도
   이 길은 축복으로 가득 차 있다.

169. 지혜롭게 살아라. 무지하게 살지 말라.
   이 세상에서도 다음 세상에서도
   이 길은 축복으로 가득 차 있다.

170. 물거품 같다고 이 세상을 보라.
   신기루 같다고 이 세상을 보라.
   이렇게 이 세상을 보는 사람은
   저 야마(죽음)의 손아귀에
   잡히지 않는다.*

---

* 확실히 인생은 나그넷길이다. 먼 길 가는 나그네가 날이 저물어 잠시 '이 세상이라는 여관'에서 하룻밤을 묵는 것이다. 그런데 나그네는 이 여관을 영원히 살 수 있는 자기 집으로 착각을 하고 말았다. 여기서부터 우리의 불행은, 고뇌는 시작되는 것이다. 그러나 영원히 이 세상에 살려는 우리의 바람과는 관계없이 죽음은 오고야 만다.

171. 보라, 이 세상을 보라.

임금의 화려한 수레와도 같나니

어리석은 자는 여기에 미쳐 정신없지만

그러나 현명한 이는 결코

이 실속 없는 화려함에 현혹되지 않는다.**

172. 처음에는

무지와 미망 속에 갇혀 있지만

그러나 뒤에 가서

지혜의 빛을 찾는 사람,

그는 이 세상을 비춘다.

먹구름을 헤치고 나오는 저 달처럼.

** 도시의 밤거리. 저 휘황찬란한 불빛 속으로 여자들이 밀려가고 있다. 술기운에 취하고 젊음에 취하여 밀려가고 있다. 뭇 사내들이 그 뒤를 따라 끝없이 흘러가고 있다. 그러나 그들이 가는 곳은 결국 노래방, 아니면 술집이다. 거기서 고함지르고 미쳐 날뛴 다음은 어디인가. 거기 가슴 뻥 뚫린 허탈감이 있을 뿐이다. … 무리짓지 말라. 생각 있는 자여, 그 젊음은 영원하지 않다. 그 젊음을 그런 식으로 그렇게 낭비하지 말라.

173. 처음에는 악한 짓을 했지만
그러나 뒤에 가서 선행으로
그 악행을 극복하는 사람,
그는 이 세상을 비춘다.
구름을 헤치고 나오는 저 달처럼.*

174. 이 세상은 어둠 속에 덮여 있나니
누가 저 지혜의 빛을
볼 수 있단 말인가.
오직 몇 마리의 새만이
갇힌 새장에서 날아가듯
오직 몇 안 되는 사람들만이
니르바나, 저 하늘로 날아간다.
저 무한한 자유의 하늘로.**

---

* 여기 중요한 것은 처음이 아니라 끝이다. 연극의 시작이 아니라 연극의 끝장이다. 마라톤의 출발점이 아니라 골인점이다.

** 이 세상을 밝히는 것은 무리가 아니라 소수의 사람들이다. 그 영혼이 잠 깨인 몇 사람들에 의해서 여기 진리의 태양은 또다시 떠오르는 것이다.

175. 흰 새가 태양을 향해 날아가듯
 잠깬 이는 영혼의 하늘을 날아간다.
 마라(악마)와 그의 군대를 쳐부순 그는
 이 세상을 멀리 벗어나 버린다.

176. 거짓말을 밥 먹듯 하고
 저 진리의 길을 역행하며
 니르바나의 세계를 비웃는 사람,
 이런 사람은 서슴없이
 온갖 악행을 저지른다.***

177. 인색한 자는
 하늘나라에 갈 수 없다.
 어리석은 자는
 도무지 베풀 줄을 모른다.
 그러나 현명한 이는

*** 가장 무서운 것은 무지(無知)다. '무지'야말로 가장 무서운 병이다.

베푸는 걸 좋아하나니
그는 그 선행으로 하여
보다 높은 세상에서
축복을 누리게 된다.*

178. 이 땅의 통치자가 되는 것보다도
저 하늘나라에 가는 그것보다도
그리고
전 우주의 지배자가 되는 그것보다도
니르바나로 향하는
그 기쁨이 훨씬 깊고 넓거니.

---

* 샘물은 퍼서 쓰면 쓸수록 맑은 물이 솟는다. 그러나 물을 퍼 쓰지 않게 되면 그 우물의 물은 썩고 말라 버리게 된다. … 필요한 사람에게 줘라. 물질이든 마음이든 그것을 필요로 하는 사람에게 줘라. 주면 되돌아온다. 그러나 이 이치를 다 알면서도 '준다는 것'은 그렇게 말과 같이 쉬운 일이 아니다. 여기에서 우리의 고뇌는 시작된다.

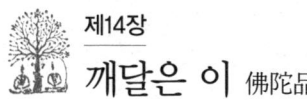

제14장
깨달은 이 佛陀品

179. 깨달은 이(부처)는 모든 걸 정복했다.
  이 세상 어느 누구도
  그와 같은 완벽한 승리는 얻지 못했나니
  그는 드디어 무한을 정복했다.
  이 세상 어디에도
  흔적을 남기지 않는 그를
  아아, 무엇으로 유혹할 수 있겠는가.

180. 그는 이제
  욕망의 그물에 걸려들지 않는다.
  그는 드디어 무한을 정복했다.

이 세상 어디에도
흔적을 남기지 않는 그를
아아, 무엇으로 유혹할 수 있겠는가.*

181. 저 하늘의 신들조차도
깨달은 이, 그를 찬양하고 있나니
명상의 기쁨 속에 그 초월의 충만 속에
이 누리 가득 넘치고 있는 그를.

182. 인간으로 태어났다는 것은
굉장한 행운이니
살아 있는 동안
진리 탐구에 전력을 다하라.
진리의 말을 듣는다는 것은
참으로 희귀하며

---

* 깨달은 이는 이 세상 어디에도 흔적을 남기지 않지만 그가 남긴 언어는, 그 절실한 마음은 바람이 되어 가지 않는 곳이 없다.

깨달은 이를 만난다는 것은
더더욱 귀한 일이다.

183. 악한 일을 하지 말라. 착한 일을 하라.
그대 마음을 늘 순수하게 가져라.
이것이 깨달은 이의 가르침이다.**

184. '인내는 최고의 고행이요,***
니르바나의 길은 최고의 축복이다.'
깨달은 이는 이렇게 말했나니
남을 해치거나
남의 감정을 상하게 하는 사람,
그는 진정한 수행자가 아니다.

** 삼척동자도 다 아는 말이다. 그러나 실행하기는 백 살 노인도 어렵다.
*** 참을 줄 안다는 것은 고행하는 것보다 더 위대하다. – 마하바라타 제5장 –

185. 남을 비난하거나 때리지 말라.
자기 자신을 잘 다스리고
음식을 절제하라.
외진 곳에 살면서 명상을 하라.
이것이 깨달은 이의 가르침이다.*

186. 황금의 비를 뿌려 준다 해도
그대 탐욕의 불은 꺼질 줄 모르나니
탐욕의 끝은 고통이라는 것을 알라.
그러면 그대는 현자가 될 것이다.

187. 저 하늘의 쾌락조차도
어느 날엔가는 결국 무너지고야 만다.
그러므로 수행자는
욕망의 불이 꺼진 곳에서

---

* 남에게 필요 이상으로 음식을 권하는 것은 좋지 않다. 그러나 음식은 권하는 맛에 먹는다. 생각해 보라. 권하거니 먹거니 하는 우리 식의 이 훈훈한 인정이 없는 사회를 한번 생각해 보라. 살맛이 나겠는가.

진정한 기쁨을 찾아야 한다.**

188. 사람들은 두려움을 느낄 때
산이나 나무숲, 그리고 절이나 교회,
또는 점쟁이의 집으로 몰려든다.

189. 그러나 그런 곳은
안전한 피난처가 아니다.
그런 곳에 가 숨는다 해도
이 삶 속에서 일어나는
이 모든 고뇌로부터
완전히 벗어날 수는 없다.***

** 욕망의 불은 태우면 태울수록 점점 더 맹렬하게 타오른다. 그리하여 결국은 자기 자신마저 태워 버리고야 만다. 그러므로 욕망의 불길은 적당한 선에서 절제시켜야 한다. 그러나 지나친 억제(금욕)도 좋지 않다. 그 억제된 욕망의 프로판 가스가 언제 어느 때 폭발해 버릴지 모르기 때문이다.

*** 자기 자신 속에서 야기된 문제점은 바로 자기 자신 속에서 그 해결점을 찾아야 한다. 절이나 교회, 그리고 점쟁이의 집을 발이 닳도록 다닌다 해서 고뇌의 불길이, 죽음의 공포가 사라지는 것은 아니다.

190. 깨달은 이(佛)와 그 가르침(法),

그리고

그 가르침대로 살려는 사람들(僧)

이 셋(三寶)은 가장 안전한 피난처니

이곳에 머무는 이는

다음의 네 가지 진리(四聖諦)를

깨닫게 된다.

191. 첫째, 고통(苦)

둘째, 고통의 원인(集)

셋째, 고통의 소멸(滅)

넷째, 고통을 소멸시키는 방법(道)*

---

* '네 가지 진리(四聖諦)' : '사제(四諦, catuh-satya)'라고도 한다. '제(諦, satya)'란 '진리'를 말하는 것이며 '성(聖, carya)'이란 '제(諦)' 앞에 붙은 수식어이다. 이 '네 가지 진리'는 불교의 기본교리다.

1) 고(苦 : duhkha)
인간 상황의 특성은 고뇌와 좌절이다. 이를 단적으로 말하면 '고(苦)'가 되는 것이다. '고'란 우리가 생의 이 역동적(力動的)인 에너지에 저항하여 마야(maya, 일시적인 幻影)인 이 고정된 형태(사물, 사건, 인간, 사상)들에 집착하려 할 때 생겨나는 괴로움, 바로 그것이다. '고'에는 구체적으로 다음의 여덟 가지가 있다.
① 탄생의 고통(生苦).
② 늙어가는 고통(老苦).
③ 병으로 인한 고통(病苦).
④ 죽음으로 인한 고통(死苦).
⑤ 사랑하는 사람과 헤어질 때 오는 고통(愛別離苦).
⑥ 미워하는 사람을 만날 때 오는 고통(怨憎會苦).
⑦ 갖고 싶은 것을 갖지 못하는 데서 오는 고통(求不得苦).
⑧ 욕망의 불길이 너무 거센 데서 오는 고통(五陰盛苦).

2) 집(集 : samudaya)
고뇌와 좌절이라는 이 병의 원인은 '집착', 즉 잘못된 소유욕이다. 이를 단적으로 '집(集 : samudaya)'이라 한다. 현상계는 유동하는 에너지의 흐름으로, 끊임없이 흘러가고 있으나 우리의 시각은 고정되어 있다. 그러므로 이 흐름으로서의 현상을 고정된 시각으로 보려고 할 때, 자기 소유화하려고 할 때(集), 거기 자기 소유할 수 없는 고통이 필연적으로 뒤따르게 된다. 그러므로 집착과 자기 소유욕으로서의 '집'이 있는 한, 우리는 이 삶에서 거듭되는 좌절감을 맛보지 않을 수 없는 것이다.

3) 멸(滅 : nirodha)
집착과 소유욕이 없는 상태, 즉 '집'이 완전히 소멸된 상태, 절대 자유의 경지를 말한다. 그것은 마치 활활 타오르는 소유욕의 불길이 일시에 꺼져 버린 상태, 불의 무더위 속에서 시원한 바람이 불어오는 상태와 같은 것이다. 그래서 '꺼져 버렸다'는 의미의 '멸(滅 : nirodha)'을 쓰고 있는 것이다. 따라서 이 '멸'의 경지에는 개별적 자아라는 잘못된 생각은 영원히 사라지게 된다. 대신 모든 생명은 한 덩어리라는 동일 감정이 지속되게 된다. 이 '멸', 즉 '니르바나(nirvāṇa, 涅槃)'는 절대 자유를 뜻하는 '모크샤(mokṣa, 解脫)'와 동의어이다. 그러므로 그것은 모든 지적인 개념을 넘어선 의식 상태이며 그것은 그 이상의 설명을 거부하는 것이다. 다시 말하자면 '멸'의 상태에 이른다는 것은 자기 자신의 본래적인 마음(佛性 : buddha-hood)의 현현을 구체적으로 체험하는 것이다.

192. 이 넷(四聖諦)은 가장 안전한 피난처니

　　　이 피난처에 이른 사람은

　　　이 모든 고통으로부터 벗어나리라.

193. 깨달은 이는 만나기 어렵나니

　　　그는 아무 곳에나 태어나지 않는다.

　　　그가 태어난 종족(석가족)이여,

---

4) 도(道 : marga)
앞의 '멸'의 상태를 체험하는 방법이다. 그렇다면 앞의 상태, 즉 건강한 상태인 '멸'의 상태에 이르기 위하여 어떤 치료법을 써야 하는가에 대한 구체적인 방법으로 다음의 여덟 가지(八正道 : attangiko magoo)가 있다.
　① 정견(正見, samma-diṭṭhi) : 올바른 견해.
　② 정사유(正思惟, samma-sankappa) : 올바른 사유.
　③ 정어(正語, samma-uaca) : 올바른 언어.
　④ 정업(正業, samma-kammanta) : 올바른 행위.
　⑤ 정명(正命, samma-ajīva) : 올바른 직업, 올바른 생활태도.
　⑥ 정정진(正精進, samma-vayama) : 올바른 노력.
　⑦ 정념(正念, samma-sati) : 올바른 생각.
　⑧ 정정(正定, samma-samādhi) : 올바른 집중력.

이 여덟 가지(八正道)에 근거하여 '멸'에 이르기 위한 방법을 다음의 둘로 묶을 수 있다.
첫째, 명상 수행에 의한 자각 방법(수행)
둘째, 신앙에 의한 구제 방법(신앙)

그러므로 축복 있으라.

194. 행복하여라, 깨달은 이의 태어나심이여,
행복하여라, 깨달은 이의 가르침이여,
행복하여라,
그 가르침대로 살려는 이들이여,
행복하여라, 위의 셋(三寶)을
진정한 피난처로 삼는 이들이여.*

195. 깨달은 이,
그리고 그 가르침대로
살려는 사람들을,

---

* 깨달은 이(佛), 그의 가르침(法), 그 가르침대로 살려는 이들(僧), 이 셋을 '세 가지 보배(三寶)'라 한다. 왜냐하면 다이아몬드나 루비 등의 보석은 어느 날엔가는 깨어지고 부서지지만 그러나 위의 세 가지는 영원불멸한 것이기 때문이다. 그런 뜻에서 위의 세 가지는 정신적인 보배이다. 그러나 천 캐럿의 다이아몬드와 이 세 가지 보배(三寶)를 놓고 두 가지 가운데 어느 한 가지를 선택하라면 대부분의 사람들은 이 천 캐럿의 다이아몬드를 택할 것이다. 우선 나부터도…. 이것이 인간의 슬픈 현실이다. 아아, 슬픈 현실이다.

저 마라(악마)의 군단을
격파해 버린 이들을,
그리고 이 고뇌의 강을
이미 건너가 버린 이들을,
우리는 존경하지 않으면 안 된다.*

196. 이 모든 속박으로부터 벗어나
두려울 것이 전혀 없는 사람,
그런 사람을 존경하라.
그러면 그 공덕은 비길 데 없으리.

---

* 정말로 존경받아야 할 사람은 누구인가? 정치가도, 학자도, 예술가도, 성직자도 아니다. 그가 어디서 어떤 모습으로 있든 영혼의 잠을 깨어 새벽 강가에 앉아 있는 사람, 바로 그런 구도자야말로 존경받아야 할 사람이다. 이런 점에서 본다면 존경한다는 것도 하나의 경지다. 왜냐하면 구도자만이 구도자를 알아볼 수 있기 때문이다.

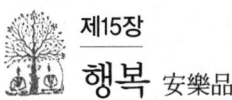

제15장
행복 安樂品

197. 미움 속에 살면서
 미워하지 않음이여,
 내 삶은 더없이 행복하여라
 사람들 서로서로
 미워하는 그 속에서
 나만이라도,
 나 혼자만이라도
 미워하지 말고
 바람처럼 물처럼 살아가자.**

** 들어가지 말라. 미움이 우글거리는 저 진흙 벌 속으로 들어가지 말라. 여

198. 고뇌의 이 불길 속에서
　　　오히려 무르익어 감이여,
　　　내 삶은 더없이 충만하여라.
　　　고뇌의 이 기나긴 밤 지나면
　　　그 영혼에 새벽빛 밝아 오리라.*

―

기 증오의 진흙 벌에 일단 발을 들여놓게 되면 좀처럼 빠져 나오기가 어렵다. 아아, 얼마나 많은 사람들이 이 증오의 진흙 벌 속으로 사라져 갔는가.
"미움이란 자신을 기름삼아 자신을 태우는 자기 파멸의 불길이다."
– 마하바라타 제5장 –

* 영혼의 정화는 고뇌의 불길을 통해서이다. 고뇌의 밤을 지나지 않으면 거기 새벽은 오지 않는다. 그러나 이 시(No. 198)를 원문 그대로 옮긴다면 고뇌 자체를 거부해 버리는 입장이 된다. 고뇌 자체를 거부한다면 그것은 결국 인간의 현실을 거부하는 고답(高踏)주의가 된다. 여기 고뇌를 거부하는 고답주의에는 절실함이 없다. 그래서 나는 과감하게 이 시를 반어적으로 옮겨 왔다. 양해하시도록…. 참고로 여기 나까무라 박사의 원문에 충실한 번역을 소개한다.

고뇌하는 사람들 사이에서
고뇌하지 않으매
여기 크나큰 즐거움이 솟는다.
고뇌하는 사람들 속에서
고뇌하지 말고 살아가자.

199. 탐욕 속에 살면서
 탐욕이 없음이여,
 내 삶은 더없이 소박하여라.
 사람들 탐욕으로 밤낮을 모를 때에
 나만이라도,
 나 혼자만이라도
 이 탐욕으로부터 멀리 벗어나 있자.**

200. 여기 영원한 내 소유는 없지만
 그러나 생의 이 기쁨을 만끽하라.
 생의 이 기쁨 속에서
 빛, 그 자체가 되어 살아가라.***

** 단순하고 소박하게 살아가라. 결코 무리를 짓지 말라. 그러면 그대는 가까워질 것이다. 깨달음에 앞서 진리에 앞서 그대 자신에게 가장 가까워질 것이다.

*** 볼 수 있다는 것은 기쁜 일이다. 생각할 수 있다는 것은, 들을 수 있다는 것은, 냄새를 맡고 맛을 볼 수 있다는 것은 기쁜 일이다. 살아 있다는 것은 아아, 더없이 기쁜 일이다. 아니 삶, 이 자체가 최고의 축복이다. 그러나 이 삶이 축복으로 느껴지지 않는 사람은 지금 지옥의 한가운데를 지나가고 있다는 걸 명심하라.

201. 승리는 원한을 부르고
 패배한 사람은 비통해 하고 있다.
 그러나 여기
 승리도 패배도 모두 버린 사람은
 진정한 행복을 맛보게 된다.*

202. 욕망보다 더 뜨거운 불길은 없고
 증오보다 더 나쁜 악은 없다.
 육체보다 더한 고통은 없고
 니르바나보다 더한 기쁨은 없다.

203. 굶주림은 가장 큰 병이며
 육체는 고통의 근원이다.**
 이를 분명히 깨닫게 되면

---

* 진정한 행복을 느끼려면 지고 이기는 이 차원을 넘어가야 한다.
** 이 육체는 고통의 근원이지만 동시에 이 육체는 법열의 원천이다. 어리석은 자에게는 이 육체가 고뇌의 덩어리지만 지혜로운 이에게 있어서 이 육체는 법열의 원천이다. – 헤바즈라 탄트라 –

그대는 알 것이다.
니르바나,
그것만이 최상의 기쁨이라는 것을.

204. '건강'은 가장 큰 재산이요,
'만족할 줄 아는 것'은
가장 값비싼 보석이다.
'확신'은 가장 위대한 친구요,
'니르바나'는 가장 큰 기쁨이다.

205. 저 침묵 속의 외로움을 알게 되면,
그 침묵 속의 기쁨을 알게 되면,
그는 이 공포와 죄악으로부터 벗어난다.
그리고 그는 니르바나,
저 영원한 기쁨을 맛보게 된다.***

*** 진리와 가까워지려면 우선 먼저 침묵을 배워야 한다. 저 바다 밑의 그 깊고 머언 침묵을….

206. 지혜로운 이를 만나는 것은 축복이니
그의 곁에 살면서
진정한 행복을 찾도록 하라.

어리석은 자를 만나지 않음은
기쁨이다. 영원한 기쁨이다.

207. 어리석은 자와 함께 가지 말라.
거기 원치 않는 고통이
따르게 된다.
어리석은 자와 함께 산다는 것은
원수와 함께 사는 것만큼이나
고통스럽다.
그러나 현명한 사람과 함께 있으면
거기 기쁨은 넘쳐 강물로 흐른다.

208. 그 영혼이 새벽처럼 깨어 있는 이,
  인내심이 강하고 고개 숙일 줄 아는 이,
  이런 사람을 만나거든
  그의 뒤를 따르라.
  저 별들의 뒤를 따르는 달처럼.*

---

* 사람을 만나고 싶다. 그 눈매가 새벽처럼 이슬처럼 깨어 있는 그런 사람을 만나고 싶다. 그런 영혼을 만나고 싶다.

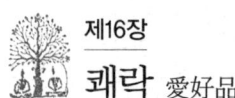

제16장
쾌락 愛好品

209. 해서는 안 될 것을 하며
  해야 할 것을 하지 않는 사람은
  이 삶의 진정한 목표를 잃어버린 채
  순간적인 쾌락에만 빠져 있나니
  그는 불멸의 길을 가는 저 수행자를
  부러운 듯이 바라보고 있다.

210. 사랑으로부터 벗어나라.
  미움으로부터도 벗어나라.
  사랑의 끝은 고통이요,
  미움의 끝 또한 고통인 것을….*

211. 그러므로 사랑하는 사람을
가지지 말라.
사랑을 잃어버릴 때
그것은 견딜 수 없는 고통이 된다.
이제 사랑도 없고 미움도 없는 사람은
그 어디에도 잡히거나 구속되지 않는다.

212. 사랑으로부터 고통이 생기고
사랑으로부터 슬픔이 생긴다.
그러나 사랑으로부터 벗어나면
여기 고통도 슬픔도 있을 수 없다.**

---

* 여기 김달진 선생의 번역을 소개한다.

사랑하는 사람을 가지지 말라.
미운 사람도 가지지 말라.
사랑하는 사람은 못 만나 괴롭고
미운 사람은 만나서 괴롭다.

** 그러나 정말 그러나 사랑의 고통이 없다면, 사랑의 슬픔이 없다면 여기 문학적인 삶은 없는 것을…. 사랑의 고통과 슬픔은, 삶의 시적(詩的)인 영감이 샘솟는 근원인 것을….

213. 애정으로부터 슬픔이 생기고
애정으로부터 고통이 생긴다.
그러나 애정으로부터 벗어나면
여기 슬픔도 고통도 있을 수 없다.

214. 쾌락으로부터 슬픔이 생기고
쾌락으로부터 고통이 생긴다.
그러나 쾌락으로부터 벗어나면
여기 슬픔도 괴로움도 있을 수 없다.

215. 욕망으로부터 슬픔이 생기고
욕망으로부터 고통이 생긴다.
그러므로 욕망으로부터 벗어나면
여기 슬픔도 괴로움도 있을 수 없다.

216. 갈망으로부터 슬픔이 생기고
갈망으로부터 두려움이 생긴다.
그러나 갈망으로부터 벗어나면

여기 슬픔도 두려움도 있을 수 없다.*

217. 자기 자신을 지혜롭게 절제하여
그 내면으로부터 빛을 발하는 이,
그는 저 진리를 향해 묵묵히 나아간다.
그는 자신의 의무를 성실히 이행하나니
사람들은 그를 우러러본다.

218. 굳은 의지와 신념에 차서
저 니르바나를 향해 걸어가는 사람,
그리하여 감각적인 즐거움을 극복한 사람,
그는 욕망의 흐름을 역류하면서**
니르바나, 저 영원한 기쁨을 향하여
힘차게 나아간다.

---

* 우리의 삶에서 쓴맛, 매운맛, 떫은맛, 신맛 등을 모조리 빼버리게 되면 이 삶은 너무나 싱거워진다. 여기 애정, 쾌락, 욕망, 갈망(소망) 등은 이 삶의 맛을 돋우는 쓴맛, 매운맛, 떫은맛, 신맛 등이다.

** 욕망의 흐름을 역류하기 위해서는 우선 먼저 욕망의 흐름을 탈 줄 알아야 한다. 욕망의 흐름을 조절할 줄 알아야 한다.

219. 오랫동안 객지를 떠돌다가
　　　어느 날 고향에 돌아가면
　　　친척과 친구들이 달려 나와
　　　그대를 반갑게 맞아준다.

220. 이 세상에서 보람 있는 일을 하고
　　　저 세상에 가면
　　　그 보람 있는 일들이 그대를 맞아준다.
　　　친척과 친구들이 달려 나와
　　　고향에 돌아온 그대를
　　　반갑게 맞아주듯….

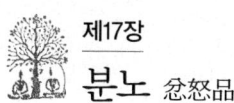

제17장
분노 忿怒品

221. 분노를, 자만심을 버려라.
그리고 이 모든 속박을 뛰어넘어라.
그 어떤 것에도
집착하지 않는 사람에게
고뇌조차 가까이 갈 수 없나니
그는, 그 자신의 것은
이제 아무것도 없다.*

---

* 고뇌도 하나의 집착이다. 거기 집착이 없으면 고뇌는 더 이상 존재할 수 없기 때문이다.

222. 저 질주하는 마차를 정지시키듯
폭발하는 분노를 제압하는 사람,
그는 진정한 마부다.
그러나 사람들은
그저 말고삐만 쥐고 있을 뿐
성난 말들을 정지시킬 수 없나니
진정한 마부라고 부를 수 없다.

223. 사랑으로 분노를 다스려라.
선으로 악을 다스려라.
자선으로 탐욕을 다스려라.
그리고 진실을 통해서
거짓을 다스려라.*

---

* 사랑으로 분노를 다스린다는 것은,
선으로 악을 다스린다는 것은,
자선으로 탐욕을 다스린다는 것은,
그리고 진실을 통해서 거짓을 다스린다는 것은
말처럼 그렇게 쉽지는 않다.

224. 진실을 말하라.
   분노에게 너 자신을 양보하지 말라.
   달라면 줘라.
   이 세 가지의 실천에 의해서
   그대는 저 신의 나라에 가게 된다.**

225. 그 어떤 생명체도 해치지 않고
   자기 자신을
   지혜롭게 다스려 가는 저 현자들,
   그들은 니르바나,
   저 영원의 언덕으로 가고 있다.
   고뇌조차 닿을 수 없는 그 곳으로.

** 달라면 줘 버려라. 몸도 주고 마음도 다 줘 버려라. 그러나 줄 것이 없을 때는 무엇을 줘야 하는가.

226. 잠든 이 밤에 홀로 깨어서
내면의 등불을 켜고 있는 이,
그는 니르바나,
저 새벽을 보고 있다.
무지의 긴긴밤은 이제
그에게서 영원히 가 버릴 것이다.

227. 침묵 속에 있어도 비난을 받고
말을 많이 해도 비난을 받고
말을 적게 해도 비난을 받나니
이 세상에서 비난 받지 않는 사람은
여기 단 한 사람도 없다.*

---

* 비난을 두려워하지 말라. 칭찬만 들었던 사람은 인간의 역사가 시작된 이래로 단 한 사람도 없었다.
"사람들은 곧잘 칭찬하고 곧잘 비난한다. 그러므로 다른 사람이 너에게 뭐라고 하든 거기 전혀 관계치 말라." - 라마 크리슈나 -

228. 비난만 받는 사람, 칭찬만 받는 사람
 이전에도 없었고
 이후에도 없을 것이고
 지금 현재도 없다.

229. 이 사람은 현명하다.
 지혜와 덕이 있고
 그 행동에는 전혀 잘못이 없다.
 현명한 이에게 이런 칭찬을 듣는다면.

230. 아아,
 그를 누가 비난할 수 있단 말인가.
 그는 황금의 정수와 같아서
 저 신들마저도 그를 찬양하나니.

231. 보라,

그대 육체 속에서

들끓는 분노를 보라.

다스려라,

그대 육체를 지혜롭게 다스려라.

하지 말라,

이 육체를 너무 속박하지 말라.

사용하라,

이 육체를 지혜롭게 사용하라.*

232. 보라,

그대 혀(언어) 속에서

들끓는 이 분노를 보라.

다스려라,

이 혀를 지혜롭게 다스려라.

---

* 이 육체는 하나의 도구다. 도구는 좋게 쓸 수도 있고 나쁘게 쓸 수도 있다. 현명한 이는 이 도구를 좋게 사용하지만, 그러나 어리석은 사람은 이 도구를 함부로 사용한다.

하지 말라.

말을 함부로 하지 말라.

사용하라,

이 혀를 지혜롭게 사용하라.**

233. 보라,

그대 마음속에서

들끓는 이 분노를 보라.

다스려라,

이 마음을 지혜롭게 다스려라.

하지 말라,

이 마음을 너무 억압하지 말라.

사용하라,

이 마음을 지혜롭게 사용하라.

** 언어를 통해서 모든 것이 명확해진다. 그러나 우리가 이 언어를 제대로 사용할 줄 모르기 때문에 오히려 그 언어로 인하여 고통을 받고 있는 것이다. - 능엄경(楞嚴經) -

234. 이렇듯 자기 자신의
　　　몸과 혀(말)와 마음을
　　　지혜롭게 다스려 간다면*
　　　그 사람이야말로 가장 위대한 사람이다.

---

* '몸'과 '입'과 '마음'. 이 셋은 재앙을 불러오는 문이다. 그러나 동시에 불멸을 향하여 나아가는 그 추진력이기도 하다.
'몸'과 '입'과 '마음'. 이 셋은 그러므로 잘 사용하면 불사의 영약이요, 잘못 쓰게 되면 치명적인 독약이다.

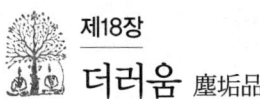

제18장
더러움 塵垢品

235. 그대 삶의 나무에서 낙엽은 지고 있다.
죽음의 사자가 그대를 기다리고 있다.
그대는 이제 머나먼 길을 가야 하나니
그러나 아직
길 떠날 준비도 되지 않았구나.**

** 물은 산 밖으로 흐르고
상엿소리 구름 골로 가고 있다.
황천은 어디메쯤에 있는가?
간 사람 다시는 오지 않는다. – 기암법견(奇巖法堅) –

236. 그대 자신을 의지처로 삼아서
부지런히 노력하라.
지혜로운 자가 되라.
이 모든 더러움을 저 멀리 날려 보내고
번뇌로부터 벗어나라.
그대는 이제 머지않아
저 위대한 나라로 들어가게 될 것이다.

237. 그대의 생은
이제 마지막 장에 와 있다.*
그대는 야마(죽음)의 곁에 와 있다.
죽음으로 가는 길 위에는
쉴 곳도 없나니
그대는 아직
길 떠날 준비조차 되지 않았구나.

---

* 이 얼마나 절실한 구절인가. 그대여, 이 구절을 가슴 깊이 새겨 두고 절실하게 살아가라. '내 생은 마지막 장에 와 있다' 이렇게 되뇌며 불처럼 살아가라. 허무가 아니라 활활 타오르는 열정으로 살아가라.

238. 그대 자신을 의지처로 삼아서
　　　부지런히 노력하라.
　　　지혜로운 자가 되라.
　　　이 모든 더러움을 저 멀리 날려 보내고
　　　번뇌에서도 벗어나라.
　　　그러면 이제 그대는
　　　탄생과 죽음의
　　　이 악순환(生死輪廻) 속으로
　　　다시는 휘말려 들어오지 않을 것이다.

239. 하나하나, 조금씩조금씩,
　　　그리고 거듭거듭,
　　　저 보석공이 은붙이 속에 섞인
　　　불순물을 제거하듯
　　　현명한 이는
　　　그 영혼에 끼인 먼지를 닦아낸다.

240. 저 쇠붙이 속의 녹이
결국은 쇠붙이를 갉아먹어 버리듯
그대 자신 속의 불순물(더러움)이
결국은
그대 자신을 파멸의 길로 몰고 간다.*

241. 읽지 않으면 경전은 잊혀지고
수리하지 않으면 집은 부서진다.
몸은 깨끗이 하지 않으면
그 모습 추해지고
늘 깨어 있지 않으면
영혼의 빛은 사라진다.**

---

* 나 자신을 망치는 것은 바로 나 자신이다. 이 말을 깊이 새겨 둬라.
** 늘 깨어 있기 위해서는 어찌해야 하는가. 수행을 계속해야 한다. 그 수행이 기도가 될 때까지….

242. 부정한 짓은 여성을 더럽히고
　　　인색함은 자선가를 더럽힌다.
　　　그리고 사악한 행위는
　　　이 세상과 저 세상을 모두 더럽힌다.

243. 그러나 이 모든 더러움 가운데
　　　가장 더러운 것은
　　　이 무지의 더러움이니
　　　수행자여,
　　　이 무지의 더러움에서 벗어나라.
　　　그리하여 더러움이 없는 자가 되라.***

244. 부끄러운 줄 모르고 낯이 두꺼운 사람,
　　　중상모략이나 일삼고
　　　남을 곧잘 헐뜯는 사람,

*** 왜, 무엇 때문에 '무지(無知)'를 가장 더럽다 하는가. 무지 속에서는 더러운 것을 더럽다고 느낄 수 있는 그 감각마저 마비되어 버리기 때문이다. 그 때문에 '무지'를 가장 더러운 것이라고 하는 것이다.

뻔뻔스럽고 비열한 사람,
이런 사람들에게 있어서
이 삶은
너무나 쉽고 간편하다.

245. 부끄러운 줄을 알고
그 영혼의 순결을 지켜 가려는 사람,
집착심이 없고
매사에 주의 깊은 사람,
언제 어디서나
저 니르바나를 향하고 있는 사람,
이런 이들에게 있어서
이 삶은
아아, 너무나 힘든 고행길이다.*

---

* 나에게 주어진 이 삶 자체가 하나의 길고 먼 고행길이라면 받아들여야 한다. 이 삶의 바다에 이는 슬픔과 기쁨의 이 물결을, 고뇌와 좌절의 이 파도를 기꺼이 받아들여야 한다. 나를 찾아온 손님으로 반갑게 맞아들여야 한다. 왜냐하면 손님은 날이 밝으면 이제 곧 떠날 것이기 때문이다.

246. 살아 있는 생명을 함부로 죽이며
거짓을 곧잘 말하는 사람,
주지 않는 것을 훔쳐 가지며
남의 아내를 탐하는 사람.

247. 술에 취하여 밤과 낮을 모르고
비틀거리는 사람,
그는 지금 그 자신의 생명의 뿌리를
마구 파헤치고 있는 것이다.

248. 인간이여, 이를 알아라.
절제할 줄 모르는 것은 죄악이니
탐욕과 바르지 못함(不正)으로 말미암아
그대 자신으로 하여금
기나긴 고통을 받지 않도록 하라.**

** 확실히 그것은 죄악이다. 절제할 줄 모르는 그것은 죄악이다. 그러나 때로는 무절제도 필요할 때가 있다. 살아남기 위해서는 무절제의 폭풍우 속을 뚫고 지나가지 않으면 안 될 때가 있다.

249. 사람들은 그들 각자의 신념에 따라
또는 자기감정에 따라
수행자들에게 보시(자선)를 베푸나니
그들이 준 물건에 대하여
불평하는 수행자는
저 높은 경지에 이를 수 없다.

250. 그러나 이 모든 것에 대하여
그저 한없이 감사하는 마음을 갖게 되면
그는 저 높은 경지에 이르게 된다.*

251. 욕망보다 더 뜨거운 불길은 없고
증오보다 더 질긴 밧줄은 없다.
어리석음보다 더 단단한 그물은 없고

---

* 수행자는 매사에 감사하는 마음을 가져야 한다. 아무리 보잘것없는 물건을 받더라도 그 준 사람의 성의를 생각하여 진심으로 감사해야 한다. 수행자에게 감사하는 마음이 없다면 새에게 날개가 없는 것과 같다. 그러나 요즈음의 성직자들을 보라. 그들은 너무 물질에 오염되어 있다. 최고의 것(일류)을 주지 않으면 그들은 아예 거들떠보지도 않는다.

탐욕보다 더 세차게 흐르는
강물은 없다.

252. 남의 잘못을 보기는 쉽지만
자기 자신의 잘못을 보기는 어렵다.
남의 잘못은 쌀 속의 돌처럼 골라내고
자기 자신의 잘못은
저 노름꾼이 화투짝을 속이듯
감춰 버린다.

253. 남의 잘못을 보고는
언제까지나 언제까지나
그것을 되씹고 있는 사람은
번뇌의 쓰레기만을 모으고 있는 것이다.
그는 결코 그 번뇌의 늪으로부터
길이 벗어날 수 없다.**

** 다른 사람의 결점이 눈에 띄는 것은 자기 자신을 잊어버렸을 때 생기는 현상이다. - 도산 안창호 -

254. 저 허공에 아무런 흔적이 없듯*
　　　수행자는 겉치레를 멀리하고
　　　그 자신 속에서
　　　내면의 길을 찾아야 한다.
　　　사람들이 좋아하는 그 부귀공명은
　　　저 진리의 길에 방해가 되나니
　　　깨달은 이(부처)는
　　　이미 시간의 강물을 건너가
　　　이 세상 속에서
　　　이 세상을 멀리 초월해 있다.

255. 저 허공에 아무런 흔적이 없듯
　　　수행자는 겉치레를 멀리하고
　　　그 자신 속에서

---

* 저 허공을 보라. 바람이 불고 새가 날아가지만 그러나 전혀 흔적이 남지 않는다. 이처럼 수행자도 아무런 흔적이 없어야 한다. 그 어떤 겉치레도 없어야 한다. 그러나 아직도 겉치레가 남아 있는 한, '나는 수행자'라는 이 자만이 남아 있는 한 그는 진정한 수행자가 아니다.

내면의 길을 찾아야 한다.
이 모든 것들 덧없이 변해 가나니
그러나 깨달은 이는
영원히 이 가슴 속에 살아 있다.

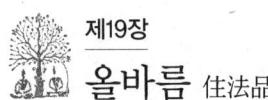
제19장
올바름 住法品

256. 강제적으로 그의 목적을 달성하려는 것,
그것은 결코 정의가 아니다.
무엇이 옳고 무엇이 그른가를
깊이 생각하는 사람,
그 사람이야말로 현명한 사람이다.

257. 그는 강제적이 아니라
공정한 입장에서 사람들을 인도하나니
그는, 현명하고 정의로운 그는
진리의 영원한 수호자다.

258. 말을 잘한다고 해서
　　　현명한 이가 되는 것은 결코 아니다.
　　　그 마음이 충만하며
　　　두려움이 없는 사람
　　　그를 일러 현명한 이라 한다.*

259. 제법 유식한 말을 한다고 해서
　　　정의로운 자가 되는 것은 결코 아니다.
　　　비록 배운 것은 적지만
　　　그러나
　　　올바르게 살아가려 애쓰고 있다면
　　　그 사람이야말로 정의로운 사람이다.**

---

* 말을 잘하는 사람은 많다. 그러나 현명한 사람은 많지 않다.
"개는 잘 짖는다고 해서 좋은 개가 아니며 사람은 말을 잘한다고 해서 현자가 아니다." - 장자(莊子) -

** 여기 유식한 사람은 많다. 그러나 정의로운 사람은 많지 않다.

260. 머리카락이 희어졌다고 해서
  덕 높으신 어른이라 할 수는 없다.
  속절없이 그저 나이만 먹었다면
  그는 어른이 아니라
  늙은이에 지나지 않는다.*

261. 진리에 대한 열정과 생명에 대한 연민
  그리고 자기 절제와 절도가 있는 사람,
  더러움으로부터 벗어난
  이 사람이야말로
  진정한 의미에서의
  '어른'이 아니겠는가.

---

* 그저 별 볼 일 없이 나이만 먹었다고 해서 어른 대접 받으려 해서는 안 된다. 드넓은 포용력과 용서하는 마음이 거기 없다면 그는 어른이 아니라 주책없는 늙은이에 지나지 않는다.
"그러나 주름살과 함께 품위가 갖춰지면 존경과 사랑을 받는다."
– 빅토르 위고 –

262. 용모가 뛰어나고 말을 잘한다 하여
 존경받을 수 있는 사람이 되는 것은
 결코 아니다.
 그 마음속에 아직도 시기와 탐욕,
 그리고 거짓이 남아 있는 동안은.

263. 그러나 이런 것들을
 뿌리째 뽑아 버린 사람,
 미움으로부터 벗어난
 저 지혜로운 이야말로
 참으로
 존경받을 수 있는 사람이 아니겠는가.

264. 성직자의 옷을 입고
 근엄한 체한다 하여
 거룩한 수행자가 되는 것은
 결코 아니다.
 그 마음속에는 아직도

욕망과 탐욕의 불길이
이글거리고 있는데
그 절실한 구도의 마음이 거기 없는데
그저 겉모습만 가지고
어떻게 수행자라 할 수 있단 말인가.

265. 그러나 이 모든 더러움을
승화시켜 가는 사람,
이 탐욕의 불 속에서
한 송이 연꽃을 피우는 사람,
이 사람이야말로 진정한 수행자이다.

266. 어느 종교단체에 소속되어
그저 형식적인 종교생활을 한다고 하여
그를 수행자라 할 수는 없다.
저 영혼의 순결을 지키지 않고
올바름의 법칙을 거부하고 있는데
그를 어떻게

　　　　진정한 수행자라 할 수 있단 말인가.*

267. 그러나 선과 악의
　　　이 두 차원마저 넘어서서
　　　영혼의 순결 속에서
　　　살아가고 있는 사람,
　　　묵묵히 명상의 삶을
　　　살아가고 있는 사람,
　　　그를 우리는 진정한 수행자라 한다.

268. 그저 묵묵히 앉아 있다고 해서
　　　저 무지하고 어리석은 자가
　　　'침묵의 성자(무니)'가 될 수는 없다.
　　　진정한 성자는 선을 취하고
　　　악을 버림으로써

---

* '직업적인 종교인들'과 '수행자'를 혼동하지 말라. 우리 주변에 절은, 교회는, 직업적인 종교인들은 많지만 그러나 진정한 구도자는 그리 많지 않다.

이 삶의 균형을 잡는다.*

269. 선을 취하고 악을 버리면
그 행위에 의해서
그는 침묵의 성자가 된다.
그는 선과 악,
이 양쪽을 모두 앎으로써
진정한 '침묵의 성자'가 된다.**

270. 살아 있는 생명을 해치는 사람은
결코 위대한 성자가 될 수 없다.

---

* 여기 침묵에는 두 가지가 있다.
첫째, '죽어 있는 침묵'은 아무것도 모른 채 묵묵히 앉아 있는 무지한 상태다.
둘째, '살아 있는 침묵'은 이미 모든 걸 다 알면서도 침묵을 지키고 있는 명상의 상태다.
첫째의 '죽어 있는 침묵'을 지키는 것은 어리석은 자요, 둘째의 '살아 있는 침묵'을 지키는 것은 성자다. 불멸의 길을 가는 사람이다.

** 선(善)을 취하고 악(惡)을 버리면 성자가 된다. 그러나 '선'의 차원마저 넘어서게 되면 그는 부처(깨달은 이)가 된다.

이 모든 존재에게
연민의 마음을 느끼는 사람
그분이야말로 위대한 성자 아니겠는가.

271. 도덕적인 생활에 의해서도
종교적인 의식에 의해서도
그리고 지식과 명상에 의해서도
또는 독신수행자의 생활에 의해서도.

272. 저 깨달음에는 이를 수 없나니
수행자여,
그대 영혼의 순결을 되찾지 못하는 한
그대 결코 자만에 빠지지 말라.[***]

[***] 가장 중요한 것은 형식이나 고행이 아니라 순결이다. 몸의 순결이 아니라 영혼의 순결이다.

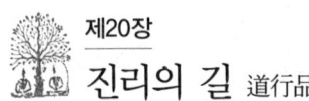

제20장
진리의 길 道行品

273. 길 가운데 최고의 길은
'팔정도(八正道)'*요,
진리 가운데 최고의 진리는
'사성제(四聖諦)'**다.
그리고 최고의 경지는 해탈이요,
인간 가운데 최고의 인간은
'깨달은 사람'이다.

---

* 팔정도(八正道) : 191 시구의 주석을 참고할 것.
** 사성제(四聖諦) : 191 시구의 주석을 참고할 것.

274. 오직 이 길이 있을 뿐,
그 어디에도
그대 영혼을 눈뜨게 할 수 있는
또 다른 길은 없나니
그대들은 마땅히 이 길을 가라.
마라(악마)는 이제 더 이상
그대를 공격하지 못할 것이다.

275. 이 길을 가면
그 고뇌의 불길은 꺼지리라.
고뇌의 화살을 뽑아 버린 다음
나(부처)는 그대들에게
이 길을 가리켰나니.

276. 노력하는 것은 바로 그대 자신이다.
나(부처)는 단지 길만을 가리켜 줬을 뿐,
진지하게 이 길을 가는 사람은
마라(악마)의 손아귀로부터 벗어나리라.

277. '모든 존재는
덧없이 변해간다(諸行無常)'*
이 이치를 깨달은 이는
고뇌와 슬픔으로부터
점점 멀어져 가리니
이는 영혼의 순결에 이르는 길이다.

278. '이 모든 것은
결과적으로 고뇌다(一切皆苦).'**
이 이치를 깨달은 이는
고뇌와 슬픔으로부터
점점 멀어져 가리니
이는 영혼의 순결에 이르는 길이다.

---

* 사랑을 믿지 말라. '당신만을 영원히 사랑한다'는 그 남자의 말을, 그 여자의 말을 믿지 말라. 사랑도, 그 사랑의 감정도, 시간의 물살에 씻기면 빛바래지고 만다.

** 그러나 이 고뇌 속에서, 이 슬픔 속에서 우리는 저 불멸의 길을 찾아야 한다. 왜냐하면 이 고뇌를, 이 슬픔을 떠나서는 거기 니르바나도, 깨달음도 아무것도 없기 때문이다.

279. '이 모든 사물에는
　　　불변의 실체가 없다(諸法無我).'***
　　　이 이치를 깨달은 이는
　　　고뇌와 슬픔으로부터
　　　점점 멀어져 가리니
　　　이는 영혼의 순결에 이르는 길이다.

280. 일어나야 할 때
　　　일어나지 않으며
　　　젊고 건강하면서도
　　　그 의지력이 약하고 게을러빠진 사람,
　　　그는 결코 저 지혜의 길을
　　　발견하지 못한다.

*** 물건에 집착하지 말라. 보이는 이 현상에 너무 집착하지 말라. 그 꽃은 영원히 그렇게 피어 있는 것이 아니다. 저 흰 목련을 보라. 필 때는 탐스럽지만, 질 때는 그렇게 추할 수가 없다.

281. 입(말)을 조심하라,

마음을 다스려라.

그리고 남에게

피해를 주는 행위는 삼가라.

이 세 가지를 지혜롭게 실천하면서

저 니르바나를 향하여

나아가지 않으면 안 된다.

282. 명상으로부터 지혜의 빛은 발하나니

명상이 없으면

여기 지혜의 빛도 발하지 않는다.

지혜의 길과 무지의 길,

이 두 가지를 잘 관찰하면서

저 지혜의 길을 향해 나아가라.*

---

* 지혜의 빛은 명상 속에서 빛난다. 그리고 명상 수련의 첫 단계는 침묵이다. 아니 명상 수련의 마지막 단계도 역시 침묵이다.

283. 한 그루의 나무가 아니라
 욕망의 숲 전체를 베어 버려라.
 위험은 이 욕망의 숲으로부터 온다.
 나무와 이 숲 전체를 베어 버리게 되면
 그대는 이제
 이 욕망의 숲으로부터 자유롭게 된다.[**]

284. 이성(異性)에 대한 그리움이 남아서
 그 마음을 끈끈하게 잡고 있는 한
 그는 그 눈먼 사랑에서
 벗어날 수 없나니
 어미소의 젖을 찾는 저 송아지처럼.[***]

[**] 여기 '한 그루의 나무가 아니라 욕망의 숲 전체를 베어 버려라'는 말은 '가지를 자를 것이 아니라 뿌리를 뽑아 버리라'는 말이다.

[***] 끊어도 끊어도 끊어지지 않는 것은 이성(異性)에 대한 그리움이다. 진리를 향한 마음이 이성에 대한 그것처럼 그렇게 끈질길 수만 있다면 이 세상에 구도자가 되지 않을 사람은 단 한 사람도 없을 것이다.
 - 이렇게 부처님은 말씀하셨다 -

285. 가을 연못에 들어가 시든 연꽃을 꺾듯
　　 자기 자신에 대한 집착을 꺾어 버려라.
　　 그리고는 저 니르바나의 길을 향해서
　　 오직 한마음으로 걸어가라.*

286. '여름에는 내 여기 살 것이다.
　　 겨울에도 내 여기 살 것이다.'
　　 어리석은 이는 이렇게 생각하며
　　 죽음이 오고 있는 것을 알지 못한다.**

---

* 자기 자신에 대한 집착, 즉 '아집(我執)'에서 벗어난다는 것은 하나의 경지다. '아집'에서 벗어나려면 어찌해야 하는가. 우선 먼저 자기 자신을 사랑하고 존경할 줄 알아야 한다. 자기 자신을 속속들이 다 안 다음 자기 자신마저 초월해야 한다. 그러나 자기 자신을 전혀 알지도 못하면서, 자기 자신을 소중히 여길 줄도 모르면서 어떻게 자기 자신을 초월할 수 있단 말인가. 이 두꺼운 '아집'의 감옥에서 벗어날 수 있단 말인가. 그것은 말도 안 되는 소리다. 자, '아집'에서 벗어나기 위해서 친구여, 그대 자신을 사랑하라. 연인보다도, 친구보다도, 우선 그대 자신을 사랑하는 법부터 배워라. 그러면 거기 그대 자신을 향한 그 사랑이 무르익어 친구에게로, 연인에게로, 그리고 모든 사람에게로, 아니 살아 있는 모든 생명체(중생)에게로 굽이쳐 갈 것이다.

** 불사(不死)의 영약을 구하던 진시황의 어리석음이여, 진시황은 먼 곳에 있지 않다. 영원히 살고자 하는 우리 자신이 진시황이다. 우리 자신의 어리석음이 바로 진시황이다.

287. 아내(남편)와 자녀, 그리고 재산을 믿고
　　　목에 힘을 주며 살아가고 있는 사람에게
　　　죽음은 어느 날 덮쳐 버린다.
　　　잠든 마을 홍수가 휩쓸어 가 버리듯.***

288. 아내(남편)도 자식도 그리고 그 누구도
　　　저 오는 손님(죽음)을 막을 수는 없나니
　　　그가 그대의 심장을 두드리게 되면
　　　이젠 그 누구도
　　　그대를 구해 줄 수 없나니.

*** 죽음은 예고 없이 찾아온다. 그러므로 우리는 언제 어느 때든 손님(죽음)이 찾아오면 그를 맞아들일 준비를 해야 한다.
"태어날 때는 순서가 있지만 그러나 죽을 때는 순서가 없다. 그러므로 우리는 나 자신의 죽음을 포함해서 가장 가까운 사람의 죽음까지 저만치 거리를 두고 지켜볼 줄 알아야 한다."

289. 그러므로 현명한 이는 이를 깨닫고
오직 한마음으로 부지런히
저 니르바나의 길을 향해
나아가지 않으면 안 된다.*

---

* 이승에서는 돈이, 현금이 필요하지만 그러나 저승에서 필요한 것은 돈이 아니라 마음이다. 마음으로 쌓은 덕행(德行)이다. 고독한 삶을 통해서 축적한 그 수행의 힘이다.

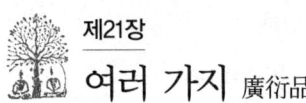

제21장
여러 가지 廣衍品

290. 조그만 즐거움을 버림으로써
　　　큰 즐거움을 얻을 수 있다면
　　　현명한 이는
　　　미련 없이 작은 즐거움 버리고
　　　저 크나큰 즐거움을 향해 나아간다.**

** 저 큰 즐거움을 알기 전에 먼저 조그만 즐거움부터 알기로 하자. 울고 웃는 인간적인 즐거움부터 배우기로 하자. 인간적인 즐거움도 채 알지 못하면서 저 크나큰 즐거움을 어찌 알 수 있단 말인가.

291. 자기 자신의 행복을 위해서
 다른 사람의 행복을 짓밟는다면
 그는 증오의 사슬에 묶이게 되나니
 그는 이 저주 속에서
 길이 벗어날 수 없다.*

292. 마땅히 해야 할 것을 하지 않고
 하지 말아야 할 것을
 거침없이 하고 있는
 이 뻔뻔스럽고 무지한 자여,
 그대 영혼 속의 밤은
 점점 더 깊어간다.**

---

* 죄악 가운데 가장 큰 죄악은 남의 영혼을 침해하는 것이다. 남의 행복을 짓밟는 것이다. – 나체의 성자, 마하비라 –
** 영혼의 밤이 깊어 갈수록
 거기 쌓이는 것은 재물에 대한 욕심이다.

293. 그러나 그 자신의 행위를 조심하면서
마땅히 해야 할 것을 하고
하지 말아야 할 것을 하지 않는
이 현명하고 지혜로운 이여,
그대 영혼 속의 새벽은 밝아온다.

294. '욕망이라는 어머니'와
'교만이라는 아버지',
'영원주의'와 '찰나주의'라는 두 임금,
'주관적 감각기관'과
'객관적 현상계'라는 국토,
그리고 '집착이라는 부패한 관리들'을
모조리 무찔러버린 사람,
그는 이 모든 고뇌로부터
영원히 해방된다.

295. '욕망이라는 어머니'와
'교만이라는 아버지',
'영원주의'와 '찰나주의'라는
이 두 임금과 그의 국토를 정복하듯,
그리고 성난 호랑이를 사로잡듯,
'부정적인 회의론'을 극복한 사람이
보라, 저기 묵묵히 걸어가고 있다.

296. 깨달은 이의 제자는
언제 어디서나 새벽처럼 깨어 있다.*
밤이나 낮이나 그는, 그의 마음은
저 깨달은 이(佛)를 향해 있다.

---

* 영혼이 잠 깨인 곳에 무지는 더 이상 머물 수 없다. 악은 더 이상 그 뿌리를 내릴 수 없다.

297. 깨달은 이의 제자는
언제 어디서나 새벽처럼 깨어 있다.
밤이나 낮이나 그는, 그의 마음은
저 깨달은 이의 가르침(法)을 향해 있다.

298. 깨달은 이의 제자는
언제 어디서나 새벽처럼 깨어 있다.
밤이나 낮이나 그는, 그의 마음은
저 깨달음의 길을 가고 있는
그의 동료들(僧)을 향해 있다.

299. 깨달은 이의 제자는
언제 어디서나 새벽처럼 깨어 있다.
밤이나 낮이나 그는, 그의 마음은
그 자신의 몸에,
몸의 움직임에 집중되어 있다.

300. 깨달은 이의 제자는
언제 어디서나 새벽처럼 깨어 있다.
밤이나 낮이나 그는, 그의 마음은
저 존재를 향한
그 연민의 정(慈悲)으로 넘치고 있다.

301. 깨달은 이의 제자는
언제 어디서나 새벽처럼 깨어 있다.
밤이나 낮이나 그는, 그의 마음은
저 명상의 즐거움을,
그 절대고독을 향해 있다.*

302. 이 세상을 등지고
수행자가 되기는 어려운 일이요,
그 수행자의 삶 속에서

---

* 새벽 강가에 앉아 나를 기다리고 있는 이, 그는 누구인가. 억겁을 두고 부르면 대답하는 메아리처럼 따라오는 이, 그는 누구인가. 아아, 그는 누구인가.

행복을 찾기는 더욱 어려운 일이다.
이 세상에 묻혀 사는 세속 생활도
어려운 일이요,
마음 맞지 않는 사람들과
함께 살아야 하는
이것은 더욱 어려운 일이다.

탄생과 죽음의
이 기나긴 여행길(生死輪廻)에서
지친 나그네가 되는 것은
괴로운 일이니
그러므로 그대여,
무지에 지친 나그네가 되지 말라.
그리고 어느 한 곳에 얽매이지도 말고
동서남북으로 그냥 자유롭게 살아가라.**

** 그것이 사랑이든 의무든, 여하튼 어떤 명분으로라도 얽매인다는 것은 괴로운 일이다. 저 불멸을 향해 가는 자여, 그 어디에도 얽매이지 말라. 또한 어떤 명분으로라도 다른 사람을 얽어매지 말라. 그것은 집착이다. 지옥보다 더한 어둠이다.

303. 신념이 있고 덕행이 있는 사람,
그리고 명성과 번영이
뒤따르는 사람은
어디를 가든 그 곳에서 존경받는다.

304. 저 히말라야의 연봉(連峰)과도 같이
멀리 더 멀리서도
눈부시게 빛나고 있다.
그 영혼이 순수한 사람은.

그러나 어둠 속에서 쏜 화살처럼
가까이, 가까이 있어도 보이지 않는다.
그 영혼이 사악한 사람은.*

---

* 매일 밤 한 이불 속에서 살을 맞대고 잔다 해도 그 마음이 통하지 않으면 천리만리요, 비록 머나먼 곳에 떨어져 있다 해도 그 마음이 서로 통하면 그 사람은 언제나 그대 곁에 있다. 그대 마음속에 있다.

305. 홀로 명상을 하며 홀로 누워라.
오직 홀로 걸으며 열심히 수행하라.
그대 스스로 그대 자신을 다스리며
이 모든 집착에서 멀리 벗어나
오직 혼자가 되어 살아가라.**

** 혼자가 된다는 것을 두려워 말라. 우리는 어차피 홀로 이 세상에 태어났다가 또다시 홀로 이 세상을 떠나게 된다.

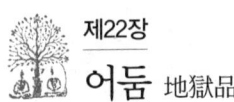

제22장
어둠 地獄品

306. 거짓말을 밥 먹듯 하는 사람,
어떤 짓을 하고도
"나는 절대로
그런 짓을 하지 않았다"고
시치미를 잡아떼는 사람,
이 두 부류의 사람들은 모두
저 어둠 속으로 들어가게 된다.

307. 여기 많은 사람들이
근엄한 성직자의 옷을 입고 다닌다.
그러나 그들은 순수하게 살지도 못하고

자기 자신에 대한 절제력도 없다.
또 그들 자신의 잘못된 행위로 하여
마침내 저 어둠 속으로
들어가게 된다.*

308. 진리에 대한 열정도 없고
자기 자신에 대한 절제력도 없으면서
착한 사람들로부터
시주를 받는 그것보다는
차라리 불에 달군 쇳덩이를 삼키는 편이
그대여, 보다 낫지 않겠는가.**

---

* 성직자는, 직업적인 종교인들은 많지만 그러나 구도자는 드물다. 바닷물은 많지만 그러나 식수(食水)는 적다. 지금 우리의 시대에는….

** 무사안일에 빠져 있는 성직자들을 경책하는 시구이다. 악한 사람을 제도하기는 쉽다. 그러나 가장 구제(제도)하기 어려운 사람들은 성직자들이다. 성직자의 옷으로 자신을 속이는 사람, 성직자의 옷을 입고 무사안일에 빠져 있는 사람들이다. 부처님이 다시 오신다 해도 이들을 제도하기는 쉽지 않을 것이다. 타성에 빠진다는 것은 이토록 무섭고 소름끼치는 일이다. 스스로 자신을 구제하는 길만이 최선이다.

309. 남의 아내(남편)를 뺏는 자에게는
　　　다음의 네 가지가 뒤따른다.

　　　첫째, 나쁜 소문
　　　둘째, 불안한 잠자리
　　　셋째, 사람들로부터의 비난
　　　넷째, 어둠의 엄습.

310. 그리고 영혼의 타락과 일시적인 쾌락,
　　　형벌의 위험
　　　이런 것들이 뒤따르나니
　　　남의 아내(남편)에게 가까이 가지 말라.

311. 갈대 잎을 잘못 쥐게 되면
    그대 손을 베이게 되나니
    잘못된 종교인의 생활은 도리어
    그대 자신을
    저 어둠 속으로 몰고 간다.

312. 형식적인 행위와
    바르지 못한 신앙생활,
    그리고 자기 자신에 대한
    절제력이 없다면
    그에게는 이제
    좋은 결과를 기대할 수 없다.

313. 무엇을 해야 할 일이 있다면
    우선 먼저 최선을 다해야 한다.*

---

* "살 때도 전체로 살고 죽을 때도 전체로 죽어라.
살 때는 삶 그 자체가 되고, 죽을 때는 또 죽음 그 자체가 되라(生也全機現 死也全機現)." - 벽암록(碧巖錄) -

진리에 대한 열정도 없고
또 게을러빠진 사람에게는
번뇌의 먼지만이
더욱더 쌓여갈 뿐이다.

314. 잘못된 일은 아예 처음부터 하지 말라.
그 잘못된 일은 결국 고통을 불러온다.
그러나 옳은 일은 사양하지 말라.
그 옳은 일은 결코
고통을 불러오지 않는다.*

315. 저 변방의 도시가
안과 밖이 모두 잘 수비되어 있듯
수행자는 자기 자신을

---

* 그러나 꼭 그렇지만도 않은 것이 잘못된 일을 하고도 오히려 웃고 사는 자들이 많고, 옳은 일을 하고도 되려 그 옳은 일로 하여 수난을 당하고 있는 사람들이 많다. 부조리한 이 현실을 어떻게 봐야 하는가.
그러므로 "옳은 일을 하라, 착한 일을 하라"고 강조만 할 것이 아니라 "지혜롭게 살라"는 말도 곁들여 줘야 한다.

지혜롭게 다스려야 한다.
단 한순간이라도 방심하지 말라.
그저 목적 없이 이 삶을 허비하는 자는
결국 저 어둠 속으로 들어가
고통을 받게 된다.

316. 부끄러워해야 할 때
부끄러워하지 않으며
부끄러워하지 않아야 할 때
부끄러워하는 사람은
지금 그릇된 견해에
빠져 있는 것이니
그는 결국
저 어둠의 길을 가게 된다.

317. 두려워해야 할 때
두려워하지 않으며
두려워하지 말아야 할 때

두려워하는 사람은
지금 그릇된 견해에
빠져 있는 것이니
그는 결국
저 어둠의 길을 가게 된다.

318. 옳은 것을
옳지 않다고 생각하며
옳지 않은 것을
옳다고 생각하는 사람은
지금 그릇된 견해에
빠져 있는 것이니
그는 결국
저 어둠의 길을 가게 된다.

319. 그러나 옳지 않은 것을
옳지 않다고 생각하며
옳은 것을

옳다고 생각하는 사람은
지금 올바른 견해를
갖고 있는 것이니
그는 결국
저 빛의 길을 가게 된다.*

---

* 자신의 잘못을 인정하고 남의 충고를 받아들일 줄 아는 사람, 부끄러워해야 할 때 부끄러워하고, 옳지 않은 것을 보았을 때 그것은 옳지 않다고 말할 수 있는 것은 대단한 경지다. 경지에 도달하지 않은 사람에게 이것은 불가능하다.

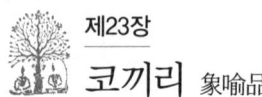

제23장
코끼리 象喩品

320. 전장(戰場)에 나가 싸우는 코끼리*가
화살을 맞아도 참고 견디듯
나도 사람들의 비난을 참고 견디며
묵묵히 내 갈 길을 가자.

---

* 코끼리가 실제로 전쟁에서 말(馬)처럼 사용되었다는 사실은 힌두교와 불교경전에 나오고 있으며 인도의 옛 사원 조각에서도 흔히 볼 수 있다. 코끼리를 타고 싸우는 이 코끼리군단(象軍)에 대해서는《마하바라타》와 고대 인도의 병서(兵書)에도 언급되어 있다. B.C. 4세기 말 알렉산더 대왕의 군대가 인도로 쳐들어 왔을 때 그 군대가 더 이상 갠지스 강 이남으로 전진하지 못하도록 저지한 것도 이 코끼리 군단이었다고 한다.

321. 잘 훈련된 코끼리는
　　　왕을 태우고 전쟁터로 나아가나니
　　　날아오는 비난의 화살을
　　　잘 참고 견디는 사람은
　　　인간 가운데 최고의 인간이다.**

322. 노새도 길들이면 좋고
　　　저 날쌘 준마도 좋다.
　　　힘센 코끼리도 길들이면 좋지만
　　　그러나 가장 좋은 것은
　　　자기 자신을 길들이는 것이다.

** 비난에 맞서지 말라. 비난을 비난으로 받으면 그대 마음이 다친다. 그러나 비난을 무관심으로 비껴가게 되면 그 비난의 화살은 그대 마음에 아무런 상처도 줄 수 없다. 그렇지만 비난의 화살을 무관심으로 비껴간다는 그것은 무척 힘든 일이다.

323. 말이나 코끼리를 타고는
결국 저 미지의 나라에 갈 수가 없다.
오직 지혜롭게 자기 자신을
길들이는 사람만이
저 미지의 나라,
니르바나에 이를 수 있다.

324. 저 발정기(發精期)에 들어선 코끼리는
그 누구도 다스릴 수 없다.
그가 만일 사람에게 잡히게 되면
그는 아무것도 먹지 않은 채
그가 살던 저 정글만을 그리워한다.

325. 살만 쪄서 마구 먹어대는 사람,
게으르고 빈둥거리며 잠만 자는 사람,
돼지와도 같은 이 무지한 사람은
탄생과 죽음의 이 악순환에서
길이 벗어날 수 없다.*

326. 제 하고 싶은 대로 제 좋아하는 대로
　　　지금껏 이 마음은
　　　여기저기 헤매고 다녔나니
　　　그러나 내 이제 이 마음 다스리나니
　　　저 난폭한 코끼리를 다스리듯.

327. 새벽처럼 깨어 있어라.
　　　그대 생각의 흐름을 주시하라.
　　　그대 자신을 보다 높이 끌어 올려라.
　　　진흙에 빠진 코끼리가
　　　그 자신을 끌어내듯.

328. 멀고 먼 이 인생의 여행길에서
　　　현명하고 조심성 있는 사람을 만나거든
　　　그와 함께 벗하여 가라.

---

* 어떤 이유에서건 살이 많이 찐다는 것은 좋지 않다. 살은 그대로 욕심의 가시적인 표현이기 때문이다.
"돼지가 되어 즐거워하기보다는 사람이 되어 슬퍼하라." – 소크라테스 –

그러면 이 모든 위험에서
벗어날 수 있나니.

329. 그러나
이런 벗을 만나지 못하거든
외롭고 고되지만 차라리 혼자 가라.
왕이 정복했던 나라를 버리고 돌아가듯
또는 홀로 숲 속을 가는
저 코끼리처럼.*

330. 어리석은 자들과
무리지어 가는 것보다는
차라리 혼자가 되어 가는 것이 낫나니
더 이상의 잘못을 저지르지 말고

---

* 친구를 갖는다는 것은 결코 쉬운 일이 아니다. 자, 여기 라 몽테느의 말에 귀를 기울이기 바란다.
"생각이 얕은 사람을 친구로 갖는 것은 매우 위험한 일이다."

저 숲 속의 코끼리처럼
외로이 혼자가 되어 걸어가라.**

331. 필요할 때 도움 줄 벗이 있음은
기쁜 일이요,
만족할 줄 아는 것은 기쁜 일이다.
선행을 하는 것은
임종 때에 기쁜 일이요,
이 모든 고뇌를 정복하는 것은
더욱 기쁜 일이다.

332. 어머니가 되는 것은 기쁜 일이요,
아버지가 되는 것도 기쁜 일이다.

** 저 어리석은 무리들과 어울려 웃고 떠드는 것보다는 차라리 외롭고 쓸 쓸하지만 혼자가 되는 편이 훨씬 행복하다. 그러나 많은 사람들은 혼자가 된다는 것에 격심한 소외감을 느끼고 있다. 혼자가 된다는 것은 대단한 용기를 필요로 한다. 그러나 '폐쇄적인 것'과 '홀로인 것'은 다르다. 폐쇄적인 것은 자기 자신을 꽝! 닫아버리는 것이요. 혼자가 되는 것은 철저히 독립적인 것이다. 미묘한 이 차이를 혼동하지 말라.

성직자가 되는 것은 기쁜 일이요,
진정한 수행자가 되는 것은
더욱 기쁜 일이다.*

333. 늙어서 덕행이 있음은 기쁜 일이요,
확고한 신념이 있는 것도 기쁜 일이다.
지혜의 빛을 발하는 것은 기쁜 일이요,
악으로부터 벗어남은
더욱 기쁜 일이다.

---

* "아버지의 사랑은 무덤까지 이어지고 어머니의 사랑은 영원까지 이어진다." - 러시아 속담 -
그러나 진정한 수행자의 삶을 통해서 깨닫는 사랑(慈悲)은 그 영원마저 넘어가 버린다.

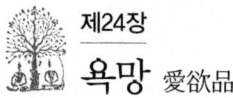

제24장
욕망 愛欲品

334. 제멋대로 행동하는 사람에게
　　　욕망은 마치 덩굴처럼 자란다.
　　　그는 과일을 찾는 원숭이처럼
　　　이 나무에서 저 나뭇가지로
　　　옮겨 다닌다.**

** 인간의 일생은 원숭이와 같다. 욕망의 과일을 찾아 이 나무에서 저 나뭇가지로 옮겨 다니는 원숭이와 같다. 그래서 불교경전에서는 인간의 마음을 원숭이에 비유하여 '심원(心猿)'이라고 했다.

335. 그리하여 그의 욕망이
  그 자신을 뒤덮게 되면
  거기 고통도 그에 따라 증가한다.
  비를 맞은 저 잡풀이 무성하게 자라듯.

336. 그러나 정복하기 어려운 이 욕망을
  능히 정복한 사람에게는
  고통은 이제 더 이상 존재하지 않는다.
  저 연잎 위에서
  물방울이 굴러 떨어지듯.

337. 여기 모인 그대들에게 이르노니
  저 잡초를 뿌리째 뽑아 버리듯
  이 욕망을 뿌리째 뽑아 버려라.
  그리하여 거센 물살이
  갈대를 쓰러뜨리듯
  마라(악마)가 그대를
  쓰러뜨리지 못하게 하라.

338. 가지가 잘려도

    그 뿌리가 상하지 않으면

    저 보리수나무는 자꾸자꾸 되살아나듯

    욕망을 뿌리째 뽑아 버리지 않는 한

    욕망으로 하여 일어나는

    삶의 이 고통은

    자꾸자꾸 되살아난다.*

339. 여기 '서른여섯 개의 물줄기'**는

    저 욕망을 향하여 거세게 흐르고 있다.

    이 흐름은 마침내

---

* '욕망을 뿌리째 뽑아 버리라'는 말은 '욕망의 에너지를 불멸을 향한 그것으로 변형시키라'는 말이다. 즉 욕망을 없애 버리는 것이 아니라(욕망은 없앤다고 없어지는 것이 아니다) 변형시키는 것이다. 저 구도의 열정으로 변형시키는 것이다. 욕망이라는 이 에너지가 없다면 여기 구도의 열정도 없다. 왜냐하면 이 둘은 결국 같은 에너지이기 때문이다. 같은 에너지의 액체 상태와 기체 상태에 지나지 않기 때문이다.

** 서른여섯 개의 물줄기 : 그저 '수많은 욕망의 갈래' 정도로 이해하기 바란다. 이렇듯 욕망의 흐름을 서른여섯 가지로 나눈 것은 후대의 불교학자들에 의해서이다. 단순히 '많다'는 표현이 이런 식으로 '서른여섯 가지'로 체계화되면서 생동감 넘치는 불교의 가르침은 딱딱하게 교리화된

그를 휩쓸어 가버리나니
욕망의 환상에 가득 차 있는 그를.

340. 이 욕망의 물줄기는
사방으로 뻗어나가고 있다.
이 욕망의 덩굴은
사방으로 뻗어나가고 있다.
이 욕망의 덩굴이 자라는 것을 보거든
그대여, 뿌리째 뽑아 버려라.
저 지혜의 검을 높이 들어….

것이다.
그래도 좀더 구체적으로 알고 싶은 분을 위하여 여기 '서른여섯 가지 욕망의 물줄기'를 설명한다. 우리의 여섯 감각기관(六根)이 여섯 감각대상(六境)과 만나면 다음의 세 가지 욕망이 생긴다.
첫째, 감각적인 충족 욕구(愛欲, kama)
둘째, 좀 더 지속시키려는 지속 욕구(存在欲, bhava)
셋째, 확장하려는 번영 욕구(幸福欲, vibhava)
이를 모두 합하면 '36개의 욕망의 물줄기'가 된다.
즉 [6(六根)+6(六境)]×3(三欲) = 36

341. 이 욕망의 기쁨은
　　　사방으로 뻗어나간다.
　　　그대는 욕망에 빠지면서
　　　또 다른 욕망을 찾아 헤매고 있으므로
　　　여기 삶과 늙음의 이 고통에서
　　　벗어날 수 없다.

342. 아이들에게 쫓기는 산토끼처럼
　　　우리는 욕망에 쫓기고 있다.
　　　속박과 집착의 덫에 걸려
　　　우리는 자꾸자꾸 고통을 당하고 있다.

343. 아이들에게 쫓기는 산토끼처럼
　　　우리는 욕망에 쫓기고 있다.
　　　그러므로 수행자는 욕망을 정복하여
　　　다시는 욕망의 침해를
　　　받지 않도록 해야 한다.

344. 욕망의 숲을 나온 사람이
다시 욕망의 숲으로 되돌아간다면
사람들은 이렇게 말할 것이다.

그는 감옥에서 해방되었다.
그러나 그는
그가 있던 감옥으로 되돌아갔다.

345. '나무로 만든 족쇄와
쇠로 만든 수갑
그리고 제아무리 질긴 밧줄이라도
그것들보다 더 질기고 강한
족쇄가 여기 있다.'
이렇게 현자들은 말했나니.

'욕망과 재물에 대한 탐심
그리고 남편(아내)과
자식들에 대한 애착

이것이야말로

가장 질기고 강한 족쇄다.'

이렇게 현자들은 말했나니.*

346. '이 속박들은

아주 부드럽고 달콤하지만

그러나 여기 한번 얽혀들게 되면

이제 벗어나기가 아주 어렵다.'

이렇게 현자들은 말했나니.

---

* 사랑이라는 이름의 이 애착은 도저히 벗어날 수 없다. 핏줄에 대한 이 애착에서 벗어날 수 있는 방법은 단 한 가지, 싯다르타(젊은 시절 부처님 이름)처럼 한밤중에 집을 뛰쳐나가는 것이다. 가정이라는, 가족이라는, 이 감옥으로부터 무조건 탈출하고 보는 것이다. 여기에는 물론 책임 회피라는 부정적인 시각도 있지만 그러나 서양인들은 부처님의 이 야반도주(踰城出家)를 일러 '위대한 포기(The great renunciation)'라 부르고 있다.

그러나 잠깐, 여기 내 말에 귀를 모으기 바란다. 친구여, 착각하지 말라. 그대는 싯다르타가 아니다. 어설프게 싯다르타를 흉내 내어 가족을 버리고 집을 뛰쳐나가려 하지 말라. 그대 가족은 그대가 책임져야 한다. 구도자는 결코 자신에게 주어진 책임을 회피하지 않는다. 싯다르타의 경우는 그 당시의 정치적인, 그리고 사회적인 제반 상황이 그렇게밖에 할 수 없었기 때문에 가족을 버리고 야반도주라는 최후의 방법을 택했던 것이다.

그러므로 용기 있는 사람들은
이 족쇄를 끊어 버리고
이 세상을 떠나서,
이 쾌락의 삶을 떠나서
저 니르바나의 길을 향해 나아간다.

347. 욕망의 노예가 된 사람은
이 욕망의 물살에 휩쓸려
어디론지 가 버리고 만다.
저 거미가 그 자신이 뽑아낸
그 거미줄에 얽혀 버리듯.

그러므로 현명한 사람은
이 욕망의 족쇄를 부숴 버리고
오직 저 니르바나를 향해 나아간다.

348. 과거에 대한 집착도 버리고
　　　미래에 대한 집착도 버리고
　　　현재에 대한 집착도 버려라.
　　　그런 다음
　　　저 니르바나를 향해 나아가라.

　　　그리하여
　　　그대 마음이
　　　이 모든 속박으로부터 벗어나게 되면
　　　그대는 이제
　　　이 탄생과 죽음의 악순환 속으로
　　　다시는 되돌아오지 않을 것이다.*

---

* 인간이 무지의 상태로 죽게 되면 그는 자꾸자꾸 다시 태어나게 된다. 그러나 그가 지혜의 불꽃으로 구워졌을 때는, 완전한 인간(깨달은 인간)으로 죽게 되면 그는 더 이상 이 세상에 태어나지 않는다.
– 슈리마드 바가바땀 –

349. 생각의 실타래가 얽히고 꼬여
　　　그 균형을 잡지 못하게 되면
　　　탐욕의 불길은 더욱 거세어진다.
　　　그리고 이를 즐겁다고 생각한다면
　　　욕망은 더더욱 증가하게 되고
　　　이에 따라 그 구속력도 더하게 된다.*

350. 그러나
　　　그 생각의 흐름에 균형이 잡혀
　　　탐욕이 몰고 오는 고뇌를
　　　깊이 관찰하는 사람은
　　　언제나 그 영혼의 새벽에 와 있다.
　　　욕망의 불길은 여기
　　　더 이상 타오르지 않을 것이며

---

* 탐욕의 불길을 잡기 위해서는 먼저 생각의 흐름을 조정해야 한다. 생각의 실타래로 하여금 제멋대로 얽히지 못하게 해야 한다. 즉 다시 말하자면 생각을 여기저기로 마구 분산시키지 말고 어느 한 지점으로 모아야 한다.

태어나고 죽는 이 악순환도
더 이상 없을 것이다.

351. 저 니르바나에 이른 사람은
더 이상 두려워하지 않는다.
여기 욕망의 불길은 꺼졌으며
무지의 기나긴 밤은 갔다.

그는 마침내
삶의 이 가시들(고뇌와 고통들)을
뽑아 버렸나니
태어나고 죽는 이 악순환 속에서
지금 이 육체는
그의 마지막 몸이 될 것이다.

352. 그는 욕망으로부터 해방되었다.
그는 집착으로부터 벗어났다.
모든 경전의 언어와

그 뜻에 통달한 그는 깨달은 성자다.
태어나고 죽는 이 악순환 속에서
지금 이 육체는
그의 마지막 몸이 될 것이다.

353. 나는 모든 것을 정복했고
나는 모든 것을 알아 버렸다.
내 삶은 다시 순수해졌으며
나는 이 모든 것에 대한 집착을
놓아 버렸다.
그리고 탐욕으로부터 해방되었으며
나는 마침내 내 스스로 길을 찾았다.
아아, 이제 누구를
내 스승이라 불러야 하는가.*

---

* 아무것도 알지 못할 때 우리는 순진한 어린 아기다. 그러나 산전수전 다 겪고 모든 걸 남김없이 알아 버렸을 때 우리는 순수해진다. '순진'과 '순수'는 이처럼 엄청난 차이가 있는 것이다.

354. 진리의 선물보다 더 좋은 선물이 없고
진리의 맛보다 더 좋은 맛이 없고
진리의 기쁨보다 더 좋은 기쁨이 없으며
욕망의 소멸보다 더 좋은 승리는 없다.

355. 저 니르바나의 길을 가지 않으면
재물은 어리석은 자를 파멸시킨다.
그는 재물 모으기에 혈안이 되어
그 자신을 파멸시키고
동시에 다른 사람까지 파멸시킨다.**

356. 잡초는 밭을 망쳐 버리고
탐욕은 우리를 망쳐 버린다.
그러므로

** 이 삶의 진정한 목표를 잃어버릴 때 우리는 돈 벌기에 혈안이 된다. 그러나 그렇게 모은 그 돈은 결국 법 아가리로 들어가 버리고 만다. 뼈가 빠지도록 긁어모은 돈은 나 자신의 뜻과는 전혀 관계없이 어이없게 다 날아가 버리고 만다. 생각해 보라. 정말 복통이 터질 일이다. 친구여, 너무 돈! 돈! 하지 말라. 그 돈도 이제 소용없을 때가 온다.

이 탐욕에서 벗어난 이를 돕게 되면

　　　거기 좋은 결과가 있을 것이다.

357.　잡초는 밭을 망쳐 버리고

　　　미움은 우리를 망쳐 버린다.

　　　그러므로

　　　이 증오심에서 벗어난 이를 돕게 되면

　　　거기 좋은 결과가 있을 것이다.*

358.　잡초는 밭을 망쳐 버리고

　　　무지는 우리를 망쳐 버린다.

　　　그러므로

　　　이 무지에서 벗어난 이를 돕게 되면

　　　거기 좋은 결과가 있을 것이다.

---

* "자기를 다른 사람의 처지에 놓아 보면 남에게 느끼는 질투나 증오가 없어질 것이다. 또 다른 사람을 자기의 처지에 놓아 보면 자만심이나 자아도취가 많이 줄어들 것이다." – 제목이 기억나지 않는 어느 책에서 –

359. 잡초는 밭을 망쳐 버리고
　　　욕망은 우리를 망쳐 버린다.
　　　그러므로
　　　이 욕망으로부터 벗어난 이를 돕게 되면
　　　거기 좋은 결과가 있을 것이다.

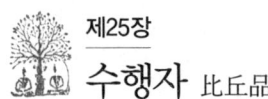

제25장
수행자 比丘品

360. 눈을 절제하는 것은 좋은 일이다.
귀를 절제하는 것은 좋은 일이다.
코를 절제하는 것은 좋은 일이다.
혀를 절제하는 것은 좋은 일이다.

361. 몸을 절제하는 것은 좋은 일이다.
말을 절제하는 것은 좋은 일이다.
생각을 절제하는 것은 좋은 일이다.
모든 것을 절제하는 것은 좋은 일이다.

이런 식으로

모든 것을 잘 절제하게 되면
그는 이 모든 고뇌에서 벗어난다.

362. 손이 잘 절제되어 있는 사람,
발이 잘 절제되어 있는 사람,
말이 잘 절제되어 있는 사람,
그리하여
자기 자신이 잘 절제되어 있는 사람,

그는 내적인 평온에 이르렀나니
외로이 혼자가 되어
바람같이 물같이 살아가고 있는 그를
진정한 수행자라 부른다.

363. 잘 절제되어 있는 수행자의 말은
조용하지만
그러나 거기 지혜가 빛난다.
진리를 가르치고 있는 그의 말은

봄바람처럼

듣는 이의 가슴으로 스민다.*

364. 언제 어디서나 진리 속에

그 진리의 기쁨 속에 살고 있는 이는,

언제 어디서나 진리를,

진리의 그 깊은 뜻을 관찰하고 있는 이는

저 진리로부터 결코 벗어나지 않는다.

365. 보잘것없는 물건을 받더라도

그 준 사람의 성의를 얕잡아 보지 말라.

그리고

다른 사람이 선물 받은 물건에 대하여

시샘하는 마음을 갖지 말라.

수행자에게

---

* 절제력이 있다는 것은 더없는 행운이다. 그러나 절제력을 얻기 위해서 한번쯤은 저 방종과 무절제의 비바람 속을 지나가지 않으면 안 된다. 그 절망의 늪을 건너가지 않으면 안 된다.

아직도 질투심이 남아 있다면

그는 저 니르바나에 이를 수 없다.

366. 보잘것없는 물건을 받더라도

주는 사람의 성의를

얕잡아 보지 않는다면

저 하늘의 신들조차 그를 찬양하나니

그는, 부지런히 나아가고 있는 그는

마침내 저 니르바나에 이를 것이다.**

** 365와 366의 시구는 제바달다(提婆達多, Devadatta)가 수도원에 가서 대접을 잘 받고 돌아온 비구에게 들려준 부처님의 교훈이다. 제바달다는 당시 불교수행자 혁신세력의 우두머리였다.
여기 이 시에서의 주제는 다음의 두 가지이다.
첫째, 시주 받은 물건은 그 가치를 논하지 말고 감사한 마음을 가질 것.
둘째, 다른 수행자가 값비싼 시주물을 받더라도 시샘하지 말 것.
이로 미루어 볼 때 당시의 수행자들 사이에서도 이미 물질의 오염화 현상이 나타났던 것 같다. 값싼 물건을 받으면 싫어하고 값비싼 물건을 받으면 기뻐하는 세속적인 버릇이 싹트기 시작했던 것 같다.

367. 명칭과 형태(名色)*에 대해서
'내 것'이라는
이 소유의 개념이 없는 사람,
가진 것이 없어도
전혀 비탄해 하지 않는 사람,
그는 진정한 수행자이다.

368. 자비심으로 가득 차서
깨달은 이(부처)의 가르침대로
그렇게 살아가려 애쓰고 있는 사람,
그는 고뇌의 끝인
저 니르바나를 향하여 가고 있다.

---

* 명칭과 형태(名色)
  명칭(nāma) : 정신적인 측면. 즉 정신의 영역을 말한다.
  형태(rūpa) : 물질적인 측면. 즉 물질의 영역을 말한다.

369. 수행자여,

　　　어서 '배에 고인 물'**을 퍼내라.

　　　물을 퍼내게 되면 이제

　　　이 배는 신속하게 앞으로 나아갈 것이다.

　　　탐욕과 증오가 텅 비게 되면

　　　그대는 비로소

　　　저 니르바나로 나아가게 될 것이다.

370. 첫 번째, 다섯 가지를 끊고

　　　두 번째, 다섯 가지를 버려라.

　　　세 번째, 다섯 가지를 수행하고

　　　네 번째, 다섯 가지를 뛰어넘은 사람은

　　　저 삶과 죽음의 거센 물결을

　　　이미 건너간 사람이다.***

** 배 : 개인적 존재(attabhāva). 즉 살아 있는 인간 개개인을 말한다.
　물 : 잘못된 생각인 관념들(micchavitakka). 즉 있는 그대로 감지하지 못하고 편협된 자기 자신의 선입관을 통해서 사물이나 어떤 상황을 파악하려는 태도.

*** 첫 번째, 다섯 가지(五下分結) : 욕망의 차원(欲界)에 속하는 다섯 가지

371. 명상에 열중하라. 방종하지 말라.

그대 마음을

탐욕 쪽으로 흐르지 못하게 하라.

탐욕을 향해 치닫게 되면

그 갚음으로

불이 벌건 쇠구슬을 삼키게 되나니*

그 구슬들을 삼키면서

"이것은 고통이다"라고

부르짖어서는 안 된다.

번뇌. 즉 ① 탐욕(貪) ② 분노(瞋) ③ 이기심(有身見) ④ 그릇된 종교생활(戒禁取見) ⑤ 의심(疑).
두 번째, 다섯 가지(五上分結) : 형태와 의식의 차원(色界, 無色界)에 속하는 다섯 가지 번뇌. 즉 ① 육체에 대한 욕망(色愛) ② 사고와 의식에 대한 욕망(無色愛) ③ 자만심(慢) ④ 초조와 불안(掉擧) ⑤ 무지(無明).
세 번째, 다섯 가지(五根) : 깨달음을 얻는 데 필요한 다섯 가지. 즉 ① 신념(信) ② 지구력(精進力) ③ 사고력(念) ④ 집중력(定) ⑤ 직관인 투시력(慧).
네 번째, 다섯 가지(五著) : 집착을 유발시키는 다섯 가지. 즉 ① 욕망(貪慾) ② 분노(怒) ③ 어리석음(迷妄) ④ 교만심(慢) ⑤ 잘못된 선입견(邪見).

* 탐욕이 많은 자에게 일어나는 지옥의 고통 현상을 말한다.

372. 지혜가 없는 곳에는 명상이 없고
명상이 없는 곳에
지혜는 그 빛을 발하지 못하나니
지혜와 명상을 모두 갖춘 이는
저 니르바나에 가까워졌다.**

373. 한가하고 지극한 곳에 머물라.
그러면 수행자는 마음의 평화를 얻고
하늘의 즐거움을 맛보게 될 것이며
저 진리의 깊은 뜻을 깨닫게 될 것이다.

** 이렇듯 지혜와 명상은 언제나 같이 붙어 다니는 것이다. 지혜로운 이는 명상의 길을 가는 자요, 명상의 길을 가는 이는 지혜로운 자다. 지혜는 명상을 통해서 빛을 발하고, 명상은 지혜를 통해서 견고해진다. 고려시대의 선승 지눌(知訥)은 지혜와 명상의 상호보충적인 이 관계를 일러 '정혜쌍수(定慧雙修)'라고 했다. 아주 멋진 말이다.

374. 이 육체의 구성요소(四大)*에 대한
그 시작과 진행과 종말을
깊이 통찰하고 있는 사람,
그는 니르바나 속에서
저 영원한 기쁨을 맛보게 될 것이다.

375. 감각 속에서의 자기 절제,
만족할 줄 아는 지혜,
계율을 지킴,
그리고 영혼의 순수성을 지키기 위하여
부지런히 노력하는 벗과의 사귐,
이런 것들이야말로
수행자의 생활에 들어선 사람이
처음에 해야 할 일들이다.

---

* 사대(四大) : 물질을 구성하고 있는 네 가지 원소. '대(大)'란 '원소'라는 뜻이다. 흙(地), 물(水), 불(火), 바람(風).

376. 자비심을 가져라.
그대에게 주어진 의무를 다하라.
그러면 이제 그 기쁨의 절정에서
그대는 저 고뇌의 끝을 보게 된다.

377. 마른 꽃잎 지고 있는 저 자스민처럼
이 탐욕과 증오심으로 하여금
영원히 떨어져 나가게 하라.**

378. 몸과 말과 마음이 안정될 때
이 세상의 갖가지 유혹을 물리쳤을 때
그리고
그대 자신이
그대 자신의 스승이 될 때

** 탐욕과 증오심을 억지로 잡아떼려 하지 말라. 오히려 거기 부작용이 따른다. 대신 탐욕과 증오심으로 하여금 저절로 떨어져 나가게 하라. 마른 꽃잎 떨어지듯 그렇게 떨어져 나가게 하라. 그러기 위해서 지금은 알아야 한다. 탐욕이, 탐욕의 정체가, 증오가, 증오심의 정체가 무엇인지를 알아야 한다.

그때 우리는 비로소

그를 수행자라 부른다.*

379. 그대 스스로 그대 자신을 일으켜라.

그대 스스로 그대 자신을 점검하라.

그대 스스로 그대 자신을 보호하며

저 니르바나의 기쁨을 향하여 나아가라.**

380. 그대의 스승은 그대 자신이요,

그대 자신이 바로

그대 자신의 피난처이니

저 마부가 말을 길들이듯

그대는 그대 자신을 길들여야 한다.

---

* 그대 자신이 그대 자신의 스승이 될 때 그대는 모든 사람의 스승이 될 수 있다. 모든 사람은 그대의 스승이 될 수 있다. 스승이 될 수 있는 것도 하나의 경지이지만 그러나 제자가 될 수 있는 것 또한 하나의 경지다.

** 모든 것이 나에게서 떠나가도 나에게 남아 있는 것은 바로 '나 자신'이다. 그러므로 그대여, 그대 자신을 소중하게 여겨라. 그러나 아집(我執)에 사로잡히지는 말라.

381. 깨달은 이의 가르침 속에서
기쁨과 신념으로 가득 차 있는가.
그대 젊은 수행자여,
덧없는 이 시간을 넘어, 세월을 넘어,
그대는 이제 머지않아
니르바나,
저 영원한 기쁨을 맛보게 된다.

382. 오직 한마음으로
깨달은 이의 가르침을 따르는
그대 젊은 수행자여,
그대는 이 세상을 밝게 비추리.
구름을 헤치고 나오는 저 둥근 달처럼.

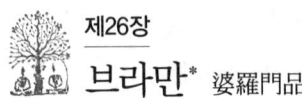

제26장
브라만* 婆羅門品

383. 욕망의 숲을 헤치고
수행자여, 이 거센 물결을 건너가라.
이 고뇌의 강을 건너
니르바나, 저 미지의 나라에 가라.

384. 그리하여 자기 절제와 명상을 통해서
저 미지의 나라에 이르게 되면
그대를 괴롭히던

---

* 브라만(brāhman, 婆羅門): 원래는 고대 힌두교의 사제를 지칭하는 말이다. 그러나 여기서는 '수행자'를 일컫는 일반적인 호칭으로 사용되고 있다.

그 고뇌의 사슬은 풀어지고

저 찬란한 지혜의 아침 밝아오리라.

385. 물질의 차원도 초월하고

정신의 차원도 초월한 사람,

그리하여

'물질과 정신을 초월한 그것'마저

초월해 버린 사람,

이제는 두려움도 없고

그 어디에도 속박되지 않는 사람,

그를 일컬어 진정한 브라만이라 한다.**

386. 명상에 전념하며 녹슬지 않고***

조용히 혼자가 되어 살아가는 사람,

** 물질을 벗어난 사람은 정신에 매달리고, 정신을 벗어난 사람은 물질에 매달린다. 그러나 이 두 가지에서 모두 벗어난 사람은 그 어디에도 매달리지 않는다. 이것이 바로 '모크샤(mokṣa)', 해탈의 경지다.

*** 명상을 계속하지 않으면 그 영혼은 녹스나니 저 불멸의 길을 향해 가는 자여, 모든 것을 버리더라도 이 명상만은 계속하라.

그리고 자기의 의무를 다하며
그 영혼이 전혀 때 묻지 않은 사람,
그를 일컬어 진정한 브라만이라 한다.

387. 태양은 낮에 빛나고
달은 밤길에 은은하다.
무사는 갑옷 속에서 빛나고
수행자는 명상 속에서 빛난다.
그러나 저 깨달은 이는
낮에도 빛나고 밤에도 빛난다.

388. 죄악에서 벗어났으므로
우리는 그를 일컬어 성직자라 한다.
마음의 평온 속에서 살아가므로
우리는 그를 일컬어 수행자라 한다.
그 영혼에 묻은 먼지를 털어 버렸으므로
우리는 그를 일컬어 순례자라 한다.

389. 수행자를 박해하지 말라.
그리고 수행자는
그를 박해하는 사람에게
원한을 품지 말라.
수행자를 박해하면
거기 재앙이 뒤따른다.
그러나 수행자가
자기를 박해하는 사람에게
원한을 품게 되면
거기 또한 재앙이 뒤따른다.

390. 탐욕으로부터 벗어나는 것,
그것은 수행자에게
그리 대단한 것은 아니다.
탐욕의 순간순간마다
그 일어나는 탐욕을 제압하게 되면
그때마다
고뇌의 불길도 꺼져가리라.*

391. 그 자신의 행위(身)에 의해서,
　　　말(口)에 의해서
　　　그리고 또 생각(意)에 의해서
　　　그 영혼이 상처를 받지 않는 사람,
　　　아니 이 셋을
　　　지혜롭게 다스릴 줄 아는 사람,
　　　그를 일컬어 진정한 브라만이라 한다.

392. 만일 누군가에게서
　　　깨달은 이의 가르침을 배웠다면
　　　그에게 스승의 예(禮)를 갖춰라.
　　　저 브라만 사제가
　　　제단의 신성한 불(聖火)에 예배하듯.**

---

* 수행자에게 있어서 '지금 이 순간 순간'은 그대로 깨달음의 이 순간순간이요, 법열에 찬 이 순간 순간이다. 그러나 '지금 이 순간 순간'이 무의식적으로 그냥 흘러가 버린다면 그는 수행자가 아니다.
간각하(看脚下)!
그대 발밑을 보라. 저 영원불멸을 잡기에 앞서, 저 영원불멸로 가는, 아니 영원불멸 그 자체인 '지금 이 순간 순간'을 놓치지 말라.

393. 장발에 의해서
　　　수행자가 되는 것도 아니요,
　　　가문의 혈통과
　　　그 출신 성분에 의해서
　　　수행자가 되는 것도 아니다.
　　　진리를 깊이 체험하여
　　　그 진리의 기쁨 속에서
　　　살아가고 있는 사람,
　　　우리는 그를 일컬어
　　　진정한 브라만이라 한다.***

** 저 풀 한 포기에서 이 돌멩이 하나에 이르기까지 보라. 스승 아닌 존재가 어디 있는가. 이처럼 삼라만상 전체가 그대로 스승으로 느껴질 때 그에게는 머지않아 불멸(니르바나)의 문이 열리게 될 것이다.

*** 형식에 의해서, 겉모습에 의해서 수행자가 되는 것은 결코 아니다. 영혼의 눈을 뜨지 않고는, 명상을 하지 않고는 결코 수행자가 될 수 없다는 이 엄연한 사실을 명심하라.

394. 이 어리석은 자여,
그 장발이, 그 성직자의 옷이
도대체 무슨 소용이 있단 말이냐.
그대 안에서는 지금
탐욕의 불길 이글거리고 있는데
겉으로는
근엄한 성직자의 차림을 하고 있구나.

395. 비록 다 헤진 옷을 입고
몹시 여위었지만
그러나 자기만의 절대 공간(내면공간)에
홀로 앉아 명상에 열중하고 있는 사람,
그를 일컬어 진정한 브라만이라 한다.*

---

* 보라, 여기 옷은 다 헤지고 몸은 여위었지만 그러나 지금 내 마음은 불멸의 빛으로 빛나고 있다(實是身貧道不貧). - 증도가(證道歌) -

396. 좋은 가문으로 태어났다 하여
그리고 재산이 많다 하여 뽐내는 사람,
그를 일컬어
진정한 브라만이라 하지 않는다.
비록 가진 것은 없지만
그러나 이 모든 집착에서 벗어난 사람,
그리하여 훨훨 날듯이 자유로운 사람,
그를 일컬어 진정한 브라만이라 한다.**

397. 이 모든 속박을 끊어 버렸으므로
두려워하지도 않고
흔들리지도 않는 사람,
그리고 철저히 혼자가 되어 가고 있는 사람,
그를 일컬어 진정한 브라만이라 한다.***

** 가장 불쌍한 사람은 누구인가? 가문을 자랑하고 걸핏하면 출신학교를 들먹이는 사람이다. 그런데 우리 주변에는 의외로 이런 사람들이 많다.

*** 속박이 없으면 두려울 게 없고, 두려울 게 없으면 동요하지 않는다. 이것이 바로 '부동의 경지'다.

398. 자기 자신을 묶고 있는
이 모든 인연의 줄을 끊어 버린 사람,*
닫힌 창문을 활짝 열어 버리고
영혼의 새벽 강가에 앉아 있는 사람,
그를 일컬어 진정한 브라만이라 한다.

399. 이 모든 박해와 비난을
묵묵히 참고 견디는 사람,
인내력이 있고 그 의지력이 강한 사람,
그를 일컬어 진정한 브라만이라 한다.

400. 분노로부터 벗어난 사람,
신념이 강하고 덕(德)이 있는 사람,
탐욕으로부터도 해방된 사람,
탄생과 죽음의 이 악순환에서

---

* 끊으면 끊을수록 이어지는 것이 인연의 줄이다. 그러나 명상을 계속하게 되면 인연의 줄은 끊지 않으려 해도 끊어져 버린다.

벗어났으므로

현재의 이 육체가

그 악순환의 마지막인 사람,

그를 일컬어 진정한 브라만이라 한다.

401. 저 연잎 위에 구르는 물방울같이,

바늘 끝에 꽂힌 겨자씨같이,

탐욕에 더 이상 물들지 않는 사람,

그를 일컬어 진정한 브라만이라 한다.

402. 이생이 그 고뇌의 마지막인 사람,

번뇌의 무거운 짐을 벗어 버린 사람,

그래서 그 어디에도 구속되지 않는 사람,

그를 일컬어 진정한 브라만이라 한다.**

** 짐 가운데 가장 무거운 짐은 '고뇌의 짐'이다. 그러나 이 짐은 집착을 버리는 바로 그 순간 요술상자 속의 연기처럼 사라져 버린다.

403. 지혜가 깊이 빛을 발하고 있는 사람,
옳은 길과 그른 길을
잘 알고 있는 사람,
그리고 최고의 목표(니르바나)에
이른 사람,
그를 일컬어 진정한 브라만이라 한다.

404. 이 세속적인 삶도 버리고
수행자의 삶마저 벗어 버린 사람,
그리하여 홀로 바람같이 가고 있는 사람,
그를 일컬어 진정한 브라만이라 한다.*

405. 약한 것이건 강한 것이건
살아 있는 어떤 생명체도
해치지 않는 사람,

---

* 진정한 수행자가 되기 위해서는 수행자의 생활마저 초월해 버려야 한다. 그리고는 바람같이 물같이 흘러가야 한다. 이 생명의 파장이 이끄는 대로….

죽이지도 않고
죽음의 원인도 제공하지 않는 사람,
그를 일컬어 진정한 브라만이라 한다.

406. 적의(敵意)를 품는 속에서
적의를 품지 않으며
폭력을 휘두르는 속에서
폭력을 휘두르지 않으며
집착하는 속에서 집착하지 않는 사람,
그를 일컬어 진정한 브라만이라 한다.

407. 탐욕과 증오,
그리고 자만과 질투심이
바늘 끝의 저 겨자씨처럼
굴러 떨어져 버린 사람,
그를 일컬어 진정한 브라만이라 한다.

408. 그 말 속에는 전혀 거짓이 없으며
　　　말로써 남의 마음을
　　　다치게 하지 않는 사람,
　　　그를 일컬어 진정한 브라만이라 한다.*

409. 긴 것이건 짧은 것이건
　　　큰 것이건 작은 것이건
　　　또는 좋은 것이건 나쁜 것이건
　　　주지 않는 것은 훔쳐 가지 않는 사람,
　　　그를 일컬어 진정한 브라만이라 한다.

410. 이 세상을 위해서나
　　　다음 세상을 위해서
　　　그 어떤 것도 갈구하지 않는 사람,

---

* 칼이나 송곳에 찔린 상처는 치료만 하면 곧 아문다. 그러나 말(言語)에 찔린 마음의 상처는 여간해서 아물지 않는다. 우리는 '말'을 통하여 너무 많은 잘못을 저질렀다.
"참회하나이다. 언어로 진실을 희롱한 죄, 깊이 참회하나이다."
– 움베르토 에코 –

이 모든 욕망으로부터 벗어나서
영원히 영원히 자유로운 사람,
그를 일컬어 진정한 브라만이라 한다.

411. 욕망의 숲을 나와
저 영혼의 새벽 강가에 앉아 있는 사람,
그리하여 의심의 안개가
걷히고 있는 사람,
저 불멸의 깊이에 다다른 사람,
그를 일컬어 진정한 브라만이라 한다.**

412. 선과 악을 모두 초월한 사람,
슬픔으로부터 고뇌로부터
그리고 이 모든 오염으로부터
벗어난 사람,
그를 일컬어 진정한 브라만이라 한다.

** 구도자의 길은 막연한 감상주의나 현실도피가 아니다. 그것은 확고부동한 의지의 길이요, 죽음 앞에서도 태연한 예지의 길이다.

413. 저 구름을 헤치고 나온 달과 같이
 청정하게 빛나고 있는 사람,
 이 환락의 생활을
 깨끗이 졸업해 버린 사람,
 그를 일컬어 진정한 브라만이라 한다.

414. 생존의 이 험한 길을 지나
 무지와 미망의 큰 바다를 건너
 저 니르바나의 언덕에 이른 사람,
 욕망과 의심, 그리고 집착에서 벗어나
 지극한 평온에 이른 사람,
 그를 일컬어 진정한 브라만이라 한다.

415. 이 세상에 대한 미련을 모두 버린 채
 바람처럼 물처럼 살아가고 있는 사람,
 이 모든 집착에서
 영원히 벗어나 버린 사람,
 그를 일컬어 진정한 브라만이라 한다.

416. 이 세상에 대한 애착을 모두 버린 채
　　　바람처럼 물처럼 살아가고 있는 사람,
　　　그리하여 애착의 마음이
　　　조금도 남아 있지 않은 사람,
　　　그를 일컬어 진정한 브라만이라 한다.*

417. 인간의 속박으로부터 벗어나고
　　　신들의 속박으로부터도 벗어난 사람,
　　　그리하여 이 모든 속박으로부터
　　　영원히 영원히 벗어나 버린 사람,
　　　그를 일컬어 진정한 브라만이라 한다.**

---

* 그러나 '자유'와 '방종'은 다르다. 바람처럼 물처럼 살아가는 그 '자유' 속에는 자신의 행위는 자신이 책임져야 한다는 엄숙한 책임감이 뒤따른다. 그러나 '방종' 속에는 자기 자신의 행위에 대한 책임의식이 전혀 없다. 책임질 수 없는 행위는 그 자신에게나 남에게 피해를 주게 된다. 그러나 대부분의 사람들은 '자유'와 '방종'의 이 차이를 알지 못하고 이 둘이 같은 걸로 잘못 알고 있다. 이 착각 속에서 함부로 행동히는 막행막식이 비롯되는 것이다. 그러나 막행막식은 위험하다. 자기 자신에게나 다른 사람에게 아무런 도움도 되지 않는다. 명심하라. '자유'와 '방종'의 이 차이를 ….

** 속박에서 벗어난다는 것은 해탈의 길이다. 그러나 속박에서 벗어나기 위해서는 우선 먼저 철저히 속박되지 않으면 안 된다.

418. 세속적인 이 즐거움을 초월하고
　　　명상에 대한 집착마저 초월한 사람,
　　　언제나 침착성을 잃지 않으며
　　　그 어디에도
　　　의지하거나 붙잡히지 않는 사람,
　　　이 세상을 정복한 저 진리의 승리자,
　　　그를 일컬어 진정한 브라만이라 한다.*

419. 존재의 탄생과 죽음을 통찰한 사람,
　　　그리하여 마침내
　　　저 니르바나에 이른 사람,
　　　그 영혼의 새벽에 와 있는 사람,
　　　그를 일컬어 진정한 브라만이라 한다.

---

* 진정한 구도자가 되고자 하는가. 그렇다면 우선 먼저 명상의 길을 가라. 그 다음, 그 명상마저 버린 다음 바람처럼 물처럼 흘러가라. 그 어디에도 머물지 말고….

420. 사람들도 신들도, 그리고 귀신들조차도
　　　그의 행방을 전혀 알 수 없는 사람,
　　　탐욕의 불길이 모두 꺼져버린 사람,
　　　그를 일컬어 진정한 브라만이라 한다.**

421. 과거에도, 미래에도,
　　　그리고 지금 현재도
　　　'내 것'이라는 이 소유의 개념이
　　　전혀 없는 사람,
　　　그리하여
　　　이 집착의 늪에서 빠져 나온 사람,
　　　그를 일컬어 진정한 브라만이라 한다.***

422. 두려움 없고 당당하며
　　　욕망의 불길을 일시에 잡아버린 사람,

** 구도자는 누구인가. 그 어디에도 흔적을 남기지 않는 사람이다.
*** 다시 구도자는 누구인가. '내 것'이라는 이 소유격이 없는 사람이다.

니르바나, 저 여행의 끝에 이른 사람,
그 영혼의 새벽 강가에 앉아 있는 사람,
그를 일컬어 진정한 브라만이라 한다.

423. 자신의 지난 생(前生)을 꿰뚫어보고
하늘의 기쁨과 동시에
지옥의 고통도 알고 있는 사람,
탄생과 죽음의 이 악순환에서 벗어나
그 영혼의 새벽 강가에 앉아 있는 사람,
성취할 수 있는 모든 것을
이미 성취해 버린 사람,
그를 일컬어 진정한 브라만이라 한다.*

---

* 구도자는 알아야 한다.
천상의 기쁨과 동시에 지옥의 이 고통을.
구도자는 알아야 한다.
진정한 구도자는 알아야 한다.
금욕과 동시에 쾌락을,
선과 동시에 악을,
그리고 불멸과 동시에 이 순간을,
바로 지금 이 순간순간을….

법구경 해설

법구경 해설

불멸의 언어-법구경

1965년 김달진 선생님의 법구경 번역(현암사)이 최초로 우리나라에 소개되었다. 이후 30년 가까이 여러 종에 달하는 법구경이 출판되었는데 불교에 관심 있는 웬만한 독자라면 법구경의 시구들을 읽고 감동에 젖어보지 않은 사람이 없을 것이다. 필자도 그 당시 김달진 선생님의 법구경 애독자 가운데 한 사람이었다.

법구경은 저 깨달음을 향하여 부지런히 나아가라는 부처님의 간절한 마음이 담겨 있는 시구집이다. 그러면서도 한편으로는 인간 사회의 삶을 바탕으로 하여 인간이 어떻게 살아가야 하는지에 대한 질문과 해답을 스스로 던져주고 있다.

법구경은 인도에서 성립되었지만 이미 인도를 벗어난 지 오래되었다. 종교와 아무런 관계없이도 법구경은 인도인들의 마음을 흔들었고, 더 나아가 동양과 유럽의 여러 나라로 퍼져 가면서 가는 곳마다 그들의 정서와 융화되어 가슴의 언어가 되었고 영혼의 노래가 되었다.

법구경의 경명(經名)

팔리(Pali) 어로 된 《법구경(法句經)》의 원래 이름은 《담마파다(Dhammapada)》이다.

'담마(dhamma)'는 진리, 불멸(不滅)을 뜻하며, '파다(pada)'는 언어, 말, 길을 뜻한다. 그러므로 '담마파다'는 '진리의 언어'라고 번역할 수 있는데 여기서 볼 수 있는 것처럼 팔리 원명에는 '경(經, sutta=sutra)'이라는 글자가 없다. 그런데 《담마파다》를 번역할 때 중국인들은 그들의 기호에 알맞게 '경(經)'자를 붙여서 《법구경(法句經)》이라고 부르게 된 것이다.

법구경의 원어인 팔리어는 어떤 언어인가. 팔리어는, 부처님 당시 인도 갠지스 강 부근의 중류 지방에 있던 마가다 국(지금의 비하르 주)의 언어로서 주로 평민들이 사용하던 구어체의 언어이다. 부처님은 40여 년간을 주로 이곳 마가다 국에 머물면서 팔리어로 설법하며 제자들을 가르쳤다. 전 26장 423편의 시구로 되어 있는 이 법구경은 초기경전(원시경전)의 묶음인 5니카야(五部阿含) 가운데 제5 소부경전(小部經典, Khuddakapatha)의 제2번째에 해당한다.

법구경의 구성과 내용

법구경은 《우다나(Udana, 無問自說經)》, 《숫타니파타(Suttanipata, 經集)》와 함께 가장 오래된 불교경전으로서 예부터 불교도들 사이에서 가장 널리 읽혀지던 경전이다. 그리고 동시에 법구경은 불교경전, 자이나교경전, 인도의 옛 문헌 등에서 명언적인 시구들만을 뽑아 한 권의 경전으로 묶은 것이다. 이 법구경의 편집자는 달마 트라타(Dharmatrata, 法救)로서 B.C. 2세기경에 살았던 인물이다. 여기 전 26장의 내용을 좀 더 자세히 살펴보면 다음과 같다.

제1장. 오늘(Yamaka Vagga, 雙敍品)

제1장은 인간의 행동 규범에 관한 내용이다. 문장의 구조로 본다면 '…하면'의 긍정문과 '…하지 않으면'의 부정문이 반복되고 있다. 그래서 제1장을 긍정과 부정이 서로 대치되는 장(雙敍品 또는 對句의 장)이라고 한다.

제2장. 깨어 있음(Appamada Vagga, 放逸品)

제2장은 근면에 대한 찬양이다. 절제된 생활(appamada)과 무절제한 생활(ppamada)을 비교해 가면서 전자를 찬양하고 후자를 비판하는 식으로 시구가 전개되고 있다.

제3장. 마음(Citta Vagga, 心意品)

제3장은 마음에 관한 긍정적인 면과 부정적인 면을 노래한 시구이다.

제4장. 꽃(Puppha Vagga, 華香品)

제4장은 들꽃의 비유를 들어, 격조 높은 불멸의 세계를 노래하고 있다.

제5장. 어리석은 이(Bala Vagga, 愚闇品)

제5장은 어리석음에 대한 격렬한 비판이다. '어리석은 이와 같이 가는 것은 고통스러운 일이니 외롭더라도 차라리 홀로 가라'는 간절한 가르침이 이 장의 전편에 흐르고 있다.

제6장. 현명한 이(Pandita Vagga, 賢哲品)

제6장은 지혜로운 현자에 대한 찬양으로서 앞의 제5장과 좋은 대조를 이루고 있다.

제7장. 새벽의 사람(Arahanta Vagga, 阿羅漢品)

제7장은 거룩한 성자, 아라한에 대한 찬양이다.

제8장. 천보다도 백보다도(Sahassa Vagga, 述千品)

제8장의 모든 시구는 백(百, satam), 또는 천(千, sahassam)이라는 숫자로 시작하고 있기 때문에 '천 가지의 장'이라고 한 것이다.

이 경전을 편집할 당시 천이나 백의 숫자로 시작되는 시 구절들을 한데 묶은 것으로 추정된다.

제9장. 마라(Papa Vagga, 惡行品)

제9장은 권선징악의 도덕률을 노래한 시구들이다.

제10장. 폭력(Danda Vagga, 刀杖品)

제10장은 폭력에 대한 비판이다. 한역(漢譯)에서 이 장을 도장품(刀杖品)이라고 한 것은 옛날 죄인을 벌줄 때 칼이나 몽둥이(刀杖)를 사용했기 때문이다.

제11장. 늙어감(Jara Vagga, 老耄品)

제11장은 젊은 시절에 마음 닦기를 게을리 하게 되면 늙어서 비참해진다는 식의 감상조가 가을바람처럼 시구

의 전편에 흐르고 있다.

제12장. 자기 자신(Atta Vagga, 己身品)
제12장은 나 자신을 다스리는 방법에 대한 시구이다.

제13장. 이 세상(Loka Vagga, 世俗品)
제13장은 덧없는 이 세속의 꿈에서 깨어나 저 불멸의 길을 가라는 가르침이다.

제14장. 깨달은 이(Buddha Vagga, 佛陀品)
제14장은 깨달은 이, 부처님에 대한 찬양이다.

제15장. 행복(Sukha Vagga, 安樂品)
제15장은 진정한 행복이란 무엇인가, 그리고 그것은 어디에 있는가에 대한 시구이다.

제16장. 쾌락(Piga Vagga, 愛好品)
제16장은 사랑이 주는 쾌락보다는 그 쾌락 뒤에 오는

고통이 더 심하기 때문에 이를 깨닫고 쾌락의 길을 아예 가지 말라는 가르침이다. 그 시구의 흐름이 아주 간절하기 이를 데 없다.

제17장. 분노(Kodha Vagga, 忿怒品)

제17장은 분노에 대한 가르침이다. 분노가 그 제어력을 잃어버리게 되면 고삐 풀린 말과 같아서 걷잡을 수 없다. 그러므로 고삐가 풀리기 전에 분노라는 미친 말(馬)을 잘 다스리라는 가르침이다.

제18장. 더러움(Mala Vagga, 塵垢品)

제18장은 죽음의 공포와 무지에 대한 노래이다. 이 장에서 특이한 점은 '무지(無知)'를 가장 추한 것으로 보고 있다는 것이다.

제19장. 올바름(Dhamattha Vagga, 住法品)

제19장은 정의에 대한 설명이다. 무엇이 정의인가, 그리고 진정한 의미에서 '나이 드신 어른'이란 어떤 사람인

가… 등등에 관한 시구이다.

제20장. 진리의 길(Magga Vagga, 道行品)

제20장은 불교사상의 핵심인 세 가지 진리(三法印)와 네 가지 진리(四聖諦) 등에 대한 시구이다.

제21장. 여러 가지(Pakinnaka Vagga, 廣衍品)

제21장은 일관된 흐름이 없고 다양한 시구들을 한데 묶어 놓은 느낌이다. 그래서 이 장을 '여러 가지의 장(廣衍品)'이라 한 것이다.

제22장. 어둠(Niraya Vagga, 地獄品)

제22장은 저 어둠의 심장인 지옥에 관한 시구이다.

제23장. 코끼리(Naga Vagga, 象喩品)

제23장은 화살을 맞고도 그 고통을 참고 견디는 코끼리처럼 구도자는 온갖 고난과 고독을 묵묵히 참고 견디며 살아가라는 가르침이다.

제24장. 욕망(Tanha Vagga, 愛欲品)

제24장은 걷잡을 수 없이 뻗어나가는 욕망의 흐름을 지혜롭게 다스려 가라는 가르침이다.

제25장. 수행자(Bhikkhu Vagga, 比丘品)

제25장은 수행자에 관한 시구이다. 진정한 수행자(比丘)는 누구인가? 그리고 진정한 수행자가 되기 위해서는 어찌해야 하는가? 여기에 대한 가르침이다.

제26장. 브라만(Brahmana Vagga, 婆羅門品)

제26장은 법구경의 마지막 장이다. '브라만(brahmana)'이란 힌두교의 성직자, 즉 힌두 사제를 일컫는 말이다. 힌두 사제가 될 수 있는 자격은 전통적으로 엄격한 혈통과 가문에 의해서이다. 그러나 불교는 이 오랜 전통에 과감히 도전했다. "브라만의 자격은 혈통에 의해서가 아니라 그 행위에 의해서 결정된다"고.

불교의 이 같은 주장은 당시의 사회적 상황에서는 실로 엄청난 충격이었다. 여기 그 충격의 핵폭발로 법구경의 마지막 장은 끝나고 있는 것이다.

법구경의 번역과 주석

법구경의 번역은 맨 먼저 중국에서 시도되었는데 A.D. 224년에서 A.D. 980년 사이 네 번에 걸쳐 한역되었다.

이 한역본들은 김달진(1965) 선생이 최초로 우리말로 번역했는데 가장 뛰어난 번역임과 동시에 널리 읽혀지고 있는 명역(名譯)이다.

또한 법구경은 서양의 언어로 가장 많이 번역된 불교 경전이기도 하다. 그리고 동시에 서구 지식인들 사이에서 반드시 읽지 않으면 안 되는 '교양필독서'로서 널리 알려져 있다. 인간으로서, 구도자로서 이 생을 살아가는 방법을 구체적으로 제시한 '삶의 지침서'로서 널리 알려져 있다.

1855년 덴마크의 불교학자 파우스뵐(V. Fausböll)이 라틴어 역 법구경을 최초로 출간, 대대적인 충격을 불러일으켰다. 당시 파우스뵐은 코펜하겐 대학 도서관에서 사서 일을 맡고 있던 무명의 젊은이에 불과했다. 파우스뵐의 라틴어 역본에 뒤이어 1860년 웨버(Weber)가 독일어 역본을 출간했고, 그로부터 21년 후인 1881년 막스 뮬러(Max Müller)가 영역본을 출간했다. 막스 뮬러의 영역본은 명역(名譯)으로서 지금도 학자들 사이에서 기본 텍스트로 널리 사용되고 있다. 1914년에는 새로운 PTS본으로 팔리 원본을 곁들인 수망갈라본(Suriyagoda Sumangala)이 출판되었다. 그리고 또 1950년에는 인도 철학자이자 인도 대통령을 역임한 라다 크리슈난(Radhakrishnan)의 영역본이 출간되었다.

이밖에도 10회 이상의 영역과 독일어 역, 2회 이상의 프랑스어 역과 러시아어 역, 그리고 스페인어 역과 이태리어 역본 등이 있다.

일본에서는 1906년 《남북대조영한화역 법구경(南北對照英漢和譯 法句經)》이 출간되었다. 이를 시초로 하여 일본에서도 많은 번역서와 주석서가 나왔는데 그 가운데 나까무라 하지메 박사의 일역본(中村元 譯本 1978, 岩波文庫 刊)이 우리나라에 번역, 소개되었다(1984년, 法頂 譯).

법구경의 주석서에는 A.D. 5세기경 붓다고사(Buddhaghosa, 佛音)가 저술한《법구의석(法句義釋, Dhammapada tthakatta)》이 있는데 팔리 원전과 이 주석서를 묶은 법구경 원전 번역이 우리나라에서 출간되었다(거해 역, 1992년). 역자는 미얀마(버마)에서 위빠사나 명상수행을 한 경험이 있는데 이 법구경의 특징은 번역이 아주 진지하다는 것이다. 그러나 팔리 원어와 발음 등이 너무 번잡하게 나오고 있어 간단명료한 원문의 뜻을 오히려 어지럽게 하고 있다.

　　이외에도 김어수(金魚水, 1979) 역, 이원섭(李元燮, 1988) 역을 비롯하여 10여 종 이상의 법구경 번역서가 우리나라에서 잇달아 출간되었다.

　　그렇다면 이렇게 많은 우리말 번역서가 나왔는데 필자는 왜 굳이 또 법구경 번역에 손을 댔는가? 여기에는 다음의 세 가지 이유가 있다.

　　첫째, 기존의 법구경 번역서들은 주로 한역본(漢譯本)을 저본으로 했기 때문에 이 삶과 연결된 원전 시구의 미세한 느낌들을 제대로 살려내지 못하고 있다. 왜냐하면 한문은 포괄적이며 응축된 상징어로서는 적합하지만, 감정의 미세한 흐름을 서술하기에는 적당하지 않은 문자이기 때문이다. 그러므로 한역본을 근거로 번역하게 되면 생생하게 피부에 와 닿는 법구경의 언어가 자연히 반추상화되어 버린다. 살아 있는 가슴의 언어가, 가슴이 아닌 머리로 와닿게 되면 어찌되는가. 그것은 이미 스승(부처님)의 살아 있는 언어가 아니라 지극히 훈고학적인 고전으로 경직화되어 버리고 만다.

둘째, 일본어 역의 경우는 그 언어의 선택이 부정적이며 종파적인 틀에서 크게 벗어나지 못하고 있다. 그러므로 일역본(日譯本)을 저본으로 한 번역은 자연히 소극적이고 설교적일 수밖에 없다.

셋째, 최근 법구경 원전 연구에 대한 관심도가 높아지면서 팔리어 원전에서 직접 우리말로 번역된 법구경 번역이 진지하게 시도되었다. 그러나 원어 한 글자 한 글자를 그대로 옮기는 식의 답답한 축자역(逐字譯)을 벗어나지 못하고 있다. 팔리어와 우리말은 그 언어 표현이나 구조가 전혀 다르다. 그런데도 우리말을 팔리어 구조에 맞취가며 번역을 시도했기 때문에 그 번역에 무리가 따르게 된 것이다. 그리고 번역 과정에서 불필요한 부분들이 전혀 걸러지지 않고 그대로 옮겨짐으로 하여 자연히 현학적인 번역이 되어 버린 것이다.

물론 법구경은 언어와 시간과 공간을 뛰어넘어 영원히 살아 있는 언어다. 그러므로 우리말로 옮겨오는 과정에서 정확성을 기하지 않으면 안 된다. 그러나 정확성을 기하려는 의도가 지나쳐 버리게 되면 시구마다 넘치고 있는 생동감이 죽어 버리고 만다.

법구경은 423편의 시로 되어 있다. 시란 무엇인가? 언어로 느낌을 전달하는 것이다. 느낌이란 무엇인가? 그것은 언어 속에 담겨 있는 관념이 아니라 언어와 언어 사이의 침묵 공간에서 흐르고 있는 일종의 전류(電流)와도 같은 것이다. 법구경 언어의 이 느낌들을 팔리어에서 우리말로 옮겨오지 못한다면, 그리하여 단순히 언어 속의 설명적인 관념들만 옮겨온다면, 그 번역은 원전에 충실한 번역이라고 할 수 없다.

앞의 이 세 가지 문제점, 즉 첫째 한역에서 살릴 수 없는 미세한 느낌들을 되살리고, 둘째 일역본의 왜소한 종파주의에서 벗어나고, 셋째 팔리어 원전 번역의 현학적인 축자역(逐字譯)으로부터 탈피하려는 뜻에서 필자는 감히 이 법구경 번역에 손을 댄 것이다. 여기에는 또 민족사 윤창화 사장님의 지속적인 격려가 큰 힘이 되었다.

번역 과정에서는 수망갈라의 팔리 원전 이외에 나라다의 영역본, 막스 뮬러의 영역본, 후앙 마스카로의 영역본, 라다크리슈난의 영역본, 그리고 나까무라 하지메의 일역본(1984년 증보판) 등을 참고했다. 작업 과정에서 자꾸 중복되는 언어는 대담하게 잘라 버렸으며, 우리말로 옮겨오기에 생경한 부분들은 그 뜻이 크게 손상되지 않는 범위 내에서 모두 우리말화해 버렸다.

무엇보다도 필자는 우선적으로 시구 하나하나 속에 담겨 있는 그 시적인 영감을 옮겨오려고 최선을 다했다. 그러나 필자의 번역이 결코 완벽한 번역이라고 할 수는 없다. 왜냐하면 필자에게도 필자 나름의 한계가 있기 때문이다. 그러나 다행인 것은 필자가 시를 공부했다는 것과 인도여행의 경험이 있고, 언어에 대한 감각이 약간 있다는 점이다.

    그러나 눈 밝은 이가 본다면 필자의 이 지껄이는 소리는 정말 가관일 것이다. 많이 꾸짖어주기 바란다. 그리고 뒤에 오는 이들은 필자의 이 미숙한 번역에 가차 없이 비판의 활인검(活人劍)을 휘둘러 주기 바란다.

    그리고 읽는 이의 이해를 돕기 위하여 중요하다고 생각되는 시구마다 뒤에 간략한 뜻풀이를 곁들였다. 그런데 이 뜻풀이가 때로는 비판적이며 때로는 반어적이기도 한 것은 무엇 때문인가? 비판적이며 반어적인 그 시각을 통하여 원 시구의 뜻을 더욱 선명하게 부각시키기 위해서이다. 그러므로 읽는 이는 특히 이 점을 유의하기 바란다.

    법구경을 번역한 지 22년이 됐다. 강산이 두 번이나 변한 셈이다. 뜻이 불분명하게 옮겨 왔거나 잘못된 곳은 이참에 모두 바로 잡았다.

2016. 9. 30.
나도산 아래 반산초당(半山草堂)에서
석지현.

참고문헌

- 수망갈라 본 ; The Dhammapada, New edition by Suriya-goda Sumangala Thera. Published for Pali Text Society by Humphrey Milford, London, 1914.
- 막스 뮬러 본 ; F. Max Müller : The Dhammapada. A Collection of Verses. SBE. Vol. 10. Oxford : Clarendon Press, 1881.
- 라다 크리슈난 본 ; S. Radhakrishnan(ed. and tr.) : The Dhammapada. London : New York : Toronto, Oxford Uni-versity Press, 1950.
- 나라다본 ; Narada Thera : The Dhammapada. Text with Engl. Tr. 2nd ed. Colombo, 1946. Calcutta, Mahabodhi So-ciety of India, 1952 ; London, John Murray, 1954.
- 후앙 마스카로 본 ; Juan Mascaro : The Dhammapada. England, Penguin Books Ltd, 1973.
- 미즈노 고갱 본 ; 水野弘元 : 法句經の研究, 春秋社, 1981.
- 나까무라본 ; 中村元 : 眞理のことば, 岩波書店, 1984.

역자 소개_ 석지현(釋智賢)

1969년 중앙일보 신춘문예에 시로 당선됐다. 1973년 동국대학교 불교학과를 졸업했다. 이후 인도, 네팔, 티베트, 미국, 이스라엘 등지를 수년간 방랑했다. 편·저·역서로는 《禪詩》, 《바가바드 기따》, 《우파니샤드》, 《반야심경》, 《숫타니파타》, 《법구경》, 《불교를 찾아서》, 《선으로 가는 길》, 《벽암록》(전5권), 《왕초보 불교 박사 되다》, 《제일로 아파하는 마음에-관음경 강의》, 《행복한 마음 휴식》, 《종용록》(전5권) 등 다수가 있다.

법구경

초판 1쇄 발행 | 2016년 12월 30일　**초판 11쇄 발행** | 2026년 1월 1일

옮긴이 | 석지현

펴낸이 | 윤재승　**펴낸곳** | 민족사

주간 | 사기순　**기획홍보팀** | 윤효진　**영업관리팀** | 김세정, 백지영

출판등록 | 1980년 5월 9일 제1-149호
주소 | 서울 종로구 삼봉로 81 두산위브파빌리온 1131호
전화 | 02)732-2403, 2404　**팩스** | 02)739-7565
홈페이지 | www.minjoksa.org
페이스북 | www.facebook.com/minjoksa
이메일 | minjoksabook@naver.com

ⓒ 석지현, 2016
ISBN 978-89-98742-78-2 (04220)

※책값은 뒤표지에 있습니다. 잘못된 책은 바꿔 드립니다.
※저작권법에 의하여 보호를 받는 저작물이므로 무단으로 복사, 전재하거나 변형하여 사용할 수 없습니다.